Le retour des momies

Roland Portiche

Le retour des momies

Stock

Couverture Coco bel œil
Illustration de couverture : © Ryan Jorgensen/age fotostock

ISBN 978-2-234-08251-9

© Éditions Stock, 2017

Pour Sarah

Introduction

Dans les amphis, au plus fort de Mai 68, quand un orateur prenait la parole, il se trouvait parfois quelqu'un dans l'assistance pour l'interrompre et lui jeter : « D'où parlez-vous ? » Suivait en général un silence gêné. Puis l'orateur tentait, en bredouillant, de justifier sa légitimité et d'éclaircir les raisons qui l'avaient poussé à monter sur l'estrade.

Je ferai comme lui, mais sans bredouiller : d'où je parle ? Je ne suis ni égyptologue, ni biologiste, ni archéologue et pas plus historien de profession ou spécialiste de médecine légale, toutes professions qui ont eu à traiter, selon leur angle de vue, de la vaste question des momies. Je suis, depuis trente ans, réalisateur de documentaires et de magazines pour la télévision, notamment dans le domaine des sciences (ceux qui veulent plus de détails pourront toujours aller consulter ma fiche Wikipédia à https://fr.wikipedia.org/wiki/Roland_Portiche.

J'ai découvert, au fil des années, que ce statut de non-spécialiste avait un avantage : il permettait de tracer des lignes transversales inédites d'une discipline à l'autre, que les spécialistes eux-mêmes, plongés dans leurs spécialités, n'aperçoivent pas toujours. Un exemple : un jour, j'étais en train de filmer avec mon équipe les réserves d'embryons congelés du CECOS, à l'hôpital du Kremlin-Bicêtre. J'avais devant moi le Pr Pierre Jouannet, une autorité en la matière. Je lui ai posé la question : « Combien de temps ces embryons peuvent-ils se conserver dans l'azote liquide ? » La réponse est venue sans hésitation : « Indéfiniment. » Je m'en doutais un peu mais, quand même, « indéfiniment » c'est long, c'est presque l'éternité. J'en ai parlé le lendemain avec François de Closets, avec qui je travaillais alors. Il a eu cette intuition, riche de prolongements : « Les embryons congelés, ce sont les momies d'aujourd'hui. »

Il avait raison et tort. Raison parce que ce sont des organismes qui, congelés dans l'azote liquide à - 196 °C, défient le temps. Mais il avait tort parce qu'un embryon congelé n'est pas une personne, alors que les momies étaient des personnes qui avaient une obsession : gagner l'éternité. Néanmoins, dans mon esprit, cette idée a fait son chemin. Les avancées de la science moderne, notamment des NBIC (nanotechnologies, biotechnologies, technologies de l'information, sciences cognitives), font miroiter pour les décennies à venir un saut évolutif comme l'humanité n'en a jamais connu. Doubler, tripler notre longévité par l'hybridation de l'homme avec les machines. Les cyborgs de la science-fiction sont en train de passer dans la réalité. Le mouvement transhumaniste, très à la mode, milite pour la naissance d'un homme nouveau, délivré de la fragilité qu'impliquait son être biologique.

D'où cette idée : et si nous étions en train, aujourd'hui, de réinventer les momies ? Si l'antique croyance des Égyptiens, qui pensaient conquérir l'éternité en momifiant les corps, retrouvait une nouvelle actualité grâce à la science la plus avancée ? Nous avons remplacé la magie par la science et la résurrection des morts par la conservation du vivant, mais le but est le même : vaincre la mort, défier la fuite du temps.

Telle est la proposition originale de ce livre : inscrire cette nouveauté dans la longue histoire des momies. Porter un regard entièrement nouveau sur cette histoire, depuis les périodes les plus reculées de l'Égypte ancienne jusqu'aux cyborgs, aux corps cryogénisés et aux avatars robotiques d'aujourd'hui et de demain.

Une dernière remarque : ne pas faire partie des spécialistes n'exclut pas de lire leurs écrits. J'ai donc énormément lu. Ce que je raconte dans ce livre doit beaucoup à leurs connaissances, à leurs recherches et à leurs expériences cumulées au long des années. Qu'ils en soient remerciés.

LE ROMAN DE LA MOMIE

1

Pharaon au pays des morts

Le pharaon de l'autopublicité

Pour beaucoup de bonnes et quelques mauvaises raisons, Ramsès II est le plus célèbre pharaon de l'Égypte ancienne. D'abord, nous possédons sa momie. Elle est exposée au musée du Caire, parmi les momies d'autres illustres pharaons. Mais celle de Ramsès, incontestablement, en impose par sa taille, par son excellent état de conservation et par l'autorité qui émane encore du visage de ce vieillard de quatre-vingt-onze ans, qui a régné soixante-six ans sur l'Égypte. Ensuite, et ce n'est pas rien, Ramsès II reste, dans l'imaginaire populaire, lié à l'épisode biblique de l'Exode. Rien ne le prouve, et surtout pas les traces archéologiques de l'événement, qui sont inexistantes. Mais le cinéma à grand spectacle l'a élu comme l'adversaire idéal de Moïse, celui que la Bible nomme prudemment «Pharaon», sans l'identifier formellement. Enfin, Ramsès II fut un pharaon bâtisseur, et la pierre, qui dure, a beaucoup fait pour la pérennité de sa gloire. Sous son règne ont été érigés des monuments qui nous impressionnent encore, tels la façade du temple de Louxor, la salle hypostyle de Karnak, le Ramesséum de la Vallée des Rois et, bien évidemment, les colosses d'Abou-Simbel.

Mais franchement, quand on considère l'ensemble de son règne, on ne peut s'empêcher de penser que sa réputation de «plus grand pharaon de l'histoire» est un peu usurpée. Beaucoup moins connu, le pharaon Thoutmôsis III, qu'on a surnommé le «Bonaparte de l'Égypte ancienne», fut un général et un administrateur bien plus brillant, qui posa les bases de la prospérité du Nouvel Empire. Mais Ramsès avait une qualité, c'était le roi de la propagande et de l'autopublicité. Habile, par exemple, à présenter la désastreuse bataille de Qadesh comme la victoire miraculeuse du héros terrassant, armé de son arc, de son courage et de l'appui des dieux, l'armée innombrable des Hittites. Ce gros vilain mensonge a été dupliqué sur les principaux monuments du règne, à commencer par le pylône de Louxor où il s'étalait jadis en couleurs rutilantes.

Cela dit, ne tordons pas le bâton dans l'autre sens. Ramsès était un tantinet mégalomane, mais il faut lui reconnaître le mérite d'avoir donné à l'Égypte assez d'atouts pour dissuader ses ennemis, au nord comme au sud, de tenter une aventure guerrière. La longue période de paix qu'on lui doit a permis d'amasser les immenses richesses qui ont servi, entre autres bénéfices, à faire sculpter sa gloire dans la pierre. Cependant le plus intéressant, en ce qui nous concerne, c'est sa momie. Non seulement parce qu'elle nous est parvenue en bon état, mais aussi parce que, très exceptionnellement, les historiens sont bien renseignés sur son histoire et ses tribulations, depuis l'embaumement du roi il y a trente-deux siècles, jusqu'à l'installation finale de sa momie au musée du Caire.

Ramsès est mort

Prenons les choses au début. Nous sommes à la fin du mois de juillet 1213 avant notre ère. C'est le dernier jour de la vie de Ramsès II. Il est malade, presque aveugle, il peut à peine marcher. Il vit reclus dans son palais de Pi-Ramsès, la capitale qu'il a fait bâtir au nord de l'Égypte, dans la région du delta. Dans le calendrier nilotique, la fin juillet coïncide avec la fin de *Shémou*, la saison sèche. C'est l'époque du nouvel an égyptien, ce moment où le Nil déborde de son lit pour fertiliser la terre. Cette inondation, c'est la chance de l'Égypte et les paysans le savent. Sans elle, le pays ne serait qu'une contrée aride, aux ressources rares. Comme pour remercier la nature, et, au-delà, les dieux, ils organisent des fêtes, illuminent leurs maisons. On répare les canaux d'irrigation, on sillonne le fleuve dans des barques fleuries, on s'habille de riches étoffes. Du haut de son balcon, au crépuscule, Ramsès lève une coupe de vin vers le ciel pour saluer cette nouvelle régénération du monde. Et il s'effondre. Il ne bouge plus. Pharaon est mort.

En très peu de temps, la nouvelle se répand dans la cité. Pour l'officialiser, le grand prêtre d'Amon proclame, sur le balcon du palais, la disparition d'Ousermaâtrê Sétepenrê, alias Ramsès II, alias le Glorieux Soleil d'Égypte, alias le Fils d'Amon, alias le Soleil de tous les pays, alias la Montagne d'or et d'électrum, alias l'Élu de Rê, alias le Seigneur des Deux-Terres, etc. Autour du cadavre de Ramsès sont rassemblés les épouses royales et quelques-uns de ses dizaines d'enfants et de petits-enfants. Parmi eux le prince héritier Mérenptah. La vie de Ramsès fut si exceptionnellement longue qu'il eut le temps de voir disparaître ses premiers fils. C'est donc Mérenptah, treizième prince héritier dans la lignée, qui montera sur le trône. Le soir même, le corps du pharaon est transporté dans une chapelle, où il est nettoyé et purifié. Puis les prêtres embaumeurs procèdent à la momification du défunt.

La momification par l'exemple

Nous savons avec précision, aujourd'hui, comment se pratiquait une momification à la manière égyptienne. Un récit en a été fait au livre II des *Histoires* d'Hérodote d'Halicarnasse, qui a sillonné l'Égypte au Ve siècle avant notre ère. Il n'a sans doute pas assisté lui-même à une momification, mais, en bon journaliste de l'Antiquité, il a rencontré des embaumeurs professionnels qui lui ont raconté le détail des opérations. Sa description a été sensiblement enrichie, quelques siècles plus tard, par les chroniques de Diodore de Sicile. Depuis, les égyptologues ont aussi trouvé des fragments de papyrus, comme le « Papyrus 5138 » du musée du Louvre ou le *Rituel de l'embaumement des Apis*, qui décrivent certaines étapes de la momification. En revanche, peu de représentations existent des opérations d'embaumement. La seule que nous connaissions a été trouvée dans la tombe d'un scribe nommé Tchay. On y voit quatre scènes, sommairement gravées, qui montrent les étapes finales de la confection d'une momie.

Aux descriptions, si détaillées soient-elles, les chercheurs préfèrent aujourd'hui la méthode expérimentale. C'est ainsi qu'en 1994 un égyptologue renommé, Bob Brier, travaillant avec un médecin, Ronald Wade, a réalisé une première mondiale : momifier un cadavre selon les techniques des anciens Égyptiens.

L'intervention, qui s'est parfaitement déroulée, a été entièrement filmée par les caméras de la National Geographic Channel. Depuis, la momie est exposée à l'université du Maryland, dans une chambre à température constante. Bob Brier, qui vient la visiter régulièrement, estime que la momie ne présente aucun signe de détérioration. Pour l'occasion, elle a reçu le surnom de Mumab (pour *Mummy of University of Maryland at Baltimore*) et Bob Brier celui de Mr Mummy.

Le Bob Brier français existe, il se nomme Francis Janot et nous l'avons rencontré. En 1998, il a réussi à son tour à momifier un cadavre à la manière égyptienne, avec des instruments reconstitués à l'identique. Il faut dire que Francis Janot possède une double casquette : égyptologue et chirurgien-dentiste, professeur associé à l'université de Nancy et membre de l'Académie nationale de chirurgie dentaire. Sa passion pour l'égyptologie lui a valu de fouiller dans plusieurs nécropoles d'Égypte où il a joué les experts. Sa spécialité : travailler sur les dents des momies. Les dents d'un cadavre résistent à tout, même aux pires conditions de conservation. En les examinant, Francis Janot peut déduire leur âge, leur sexe et même leurs origines sociales ou ethniques. Au fil des années, devenu une référence internationale sur la question des momies égyptiennes, il a publié des études très savantes sur les instruments d'embaumement et sur les gestes opératoires pratiqués par les embaumeurs.

Dans un amphithéâtre de la faculté de Nancy, Francis Janot dispose sur une table les instruments qu'il a fait fabriquer pour pratiquer son intervention de 1998. Un crochet d'excérébration en bronze pour retirer la cervelle, un écarteur pour ouvrir les cavités du corps, un couteau nécrotome pour embrocher les organes internes, une pince à épiler, une spatule pour préparer les résines, un instrument *Peseshkaf*, utilisé dans la cérémonie de l'ouverture de la bouche, etc. Instruments en mains, avec les gestes précis du chirurgien, Francis Janot nous décrit ensuite le détail des opérations. Âmes sensibles s'abstenir.

Précis de momification

Première opération : nettoyer le corps avec du natron, un sel très absorbant dont on reparlera plus tard. La table d'embaumement mesure 2,20 mètres de long sur 1,05 mètre de large. Elle est située au milieu de la pièce, afin que les opérateurs puissent circuler librement autour du corps. Ces embaumeurs sont en général au nombre de deux. Une fois le cadavre nettoyé, on l'épile soigneusement pour lui donner un aspect «jeune», l'allure du gros bébé qui est appelé à renaître. Les poils, les sourcils et les cheveux blancs faisaient évidemment tache dans ce tableau. On a

21

retrouvé ainsi, dans les ateliers d'embaumeurs, des séries complètes de pinces à épiler.

Puis commencent les choses sérieuses. Il faut en premier lieu extraire les organes intra-abdominaux, les plus facilement putrescibles car les plus riches en eau. Le premier opérateur, armé d'un couteau en silex (plus tardivement en métal), pratique une incision sur le flanc gauche du défunt. Le second opérateur utilise alors son écarteur, qu'il glisse à travers l'incision afin de permettre au premier opérateur, qui introduit ses mains à l'intérieur de la cavité abdominale, de commencer son travail de résection des organes au moyen de son couteau nécrotome. Il commence par extraire les deux reins, puis les viscères abdominaux. Ces viscères une fois prélevés sont embaumés dans du sel de natron et conservés dans des vases en albâtre, les vases canopes. Plus tard, ils seront disposés à côté du sarcophage dans la chambre funéraire du défunt. Les vases canopes sont invariablement au nombre de quatre, représentant les quatre enfants d'Horus. Un pour le foie, un autre pour l'estomac, un pour les intestins, un autre pour les poumons.

Les poumons, justement. On les enlève en perforant la cage thoracique et en les ôtant par arrachement. Puis, avec son couteau, l'embaumeur sectionne la trachée et l'œsophage. Le cœur, lui, subit un traitement à part. Il est extrait, embaumé puis remis en place dans le thorax du défunt, sans aucun souci de placement anatomique. Ainsi, peu à peu, le corps de Ramsès est débarrassé de tous les organes putrescibles. Ne croyez pas en avoir fini, il reste la dernière étape, celle qui horrifie en général ceux qui en entendent parler pour la première fois : l'excérébration, c'est-à-dire l'opération consistant à retirer le cerveau du défunt.

Hérodote nous dit : « Tout d'abord à l'aide d'un crochet de fer, ils retirent le cerveau par les narines ; ils en extraient une partie par ce moyen, et le reste en injectant certaines drogues dans le crâne. » Le crochet de fer dont parle Hérodote, introduit dans la narine gauche, sert à « touiller » la matière cérébrale afin de la réduire en bouillie. Puis l'embaumeur injecte des produits caustiques dans la cavité crânienne. Au bout de quelques jours, le mélange est devenu assez liquide pour que le cerveau puisse facilement se vidanger par les narines. Fermez le ban.

Bandelettes

À ce stade, le plus gros du travail est fait, les organes putrescibles ont été ôtés. Ce qui reste de l'enveloppe charnelle va subir à présent un traitement permettant de vider le corps de tous ses liquides. Les anciens Égyptiens utilisaient un sel au très fort pouvoir absorbant, le natron. Nous reviendrons plus loin sur ce sel miraculeux, sans lequel la momification égyptienne n'aurait jamais été ce qu'elle a été. Dans une première étape, les prêtres embaumeurs remplissent toutes les cavités du corps de petits sachets de natron. Puis le défunt est recouvert d'une épaisse couche de sel, qui absorbe définitivement les fluides résiduels. On le laissait ainsi s'assécher pendant quarante jours. Inutile de dire qu'après un tel traitement, le malheureux cadavre a perdu toute forme humaine. C'est ennuyeux, car l'esprit du mort devra, après son voyage dans l'au-delà, réintégrer son enveloppe primitive afin de permettre au défunt de gagner l'éternité. Impossible si cette enveloppe est méconnaissable. Il faut donc redonner au cadavre une forme humaine, la plus proche possible de celle qu'il possédait de son vivant. Pour cela, on commençait par le «regonfler» en le bourrant de toutes sortes de matériaux : des linges, des cendres, de la terre, de la sciure. Les yeux, rongés par les sels de natron, étaient souvent remplacés par des pierres de couleur. Le nez de Ramsès, abîmé par le crochet qui avait servi à vider le cerveau, avait été rempli de grains de poivre.

Vient ensuite la fameuse opération du bandelettage. Le corps pouvait être entouré de sept couches successives de bandelettes, sur lesquelles étaient cousues de nombreuses amulettes. On commence généralement par les membres supérieurs. Pour un personnage important comme Ramsès, on entoure de bandelettes chaque doigt et chaque orteil. Puis on passe au tronc, à la tête et on termine par les jambes. Ces bandelettes de lin sont ensuite enduites de résine, ce qui leur permettra, en séchant, de coller entre elles. D'autres bandes de lin, plus larges, ficellent l'ensemble du corps.

La phase finale

Pour finir, un masque d'or est posé sur le visage de Ramsès. Tout porte à croire qu'il est réalisé comme le fut, plus d'un siècle auparavant, celui trouvé dans la tombe de Toutankhamon. Un masque en or massif de onze kilos, dont les yeux grands ouverts semblent contempler l'éternité. Le masque est coiffé du *Némès*, cette sorte de coiffe qui retombe de chaque côté du visage. À la hauteur du front, le roi porte l'*uraeus*, une effigie d'un cobra femelle censée chasser les ennemis. Sous le menton, comme tous les pharaons, le masque est affublé d'une barbe postiche imitant celle que portait le dieu Osiris. Des inscriptions en hiéroglyphes, de chaque côté du masque, vont aider à la résurrection du défunt.

Une fois le masque posé, le corps de Pharaon est installé dans un premier sarcophage en or massif, qui est lui-même emboîté dans un second sarcophage en or tout aussi massif, l'ensemble étant installé dans un troisième sarcophage en bois doré. Assez, on s'en doute, pour attirer les nombreux pillards qui ont visité la tombe dans les années qui ont suivi. D'autant – toujours si l'on se réfère à la tombe de Toutankhamon – que le sarcophage était entouré de nombreux objets, vêtements, bijoux et meubles précieux destinés à assurer le standing du pharaon dans l'autre vie.

Le tombeau

Des peintures de l'époque montrent comment le lourd sarcophage et les trésors qui l'accompagnent sont transportés sur une grande nef funéraire qui remonte le Nil de Pi-Ramsès jusqu'à Thèbes, l'actuelle Louxor. La momie est alors débarquée et installée sur un catafalque traîné par des bœufs. Et le cortège, suivi par une cohorte de pleureuses, prend solennellement la route de la Vallée des Rois, où une tombe a été spécialement creusée pour accueillir le corps de Ramsès II. Cette sépulture, nous la connaissons. Il s'agit de la tombe dite KV-7. Elle fut cartographiée pour la première fois en 1737, et plus récemment par l'égyptologue Christian Leblanc en 1993. Elle est malheureusement en très mauvais état. C'est une des plus grandes tombes de la vallée, avec ses 168 mètres de long et une surface de 820 m². Comme nous le verrons, la momie de Ramsès n'y a passé au final que peu de temps, puisqu'elle fut déménagée à plusieurs reprises à cause des intrusions de pillards.

Arrivée à l'entrée de la tombe, la momie est l'objet d'un rite tout à fait important : celui de l'ouverture de la bouche. Pour l'instant, la momie est un corps inerte, que la magie va animer. Elle est dressée sur ses pieds. Le grand prêtre, revêtu d'une peau de léopard, s'avance alors et touche la bouche de Ramsès à l'aide d'un outil dit *peseshkaf*, en prononçant des incantations magiques. *Idem* pour le nez, les oreilles et les yeux. Ce rituel est essentiel car il va redonner vie au cadavre, il va lui rendre ses fonctions vitales, lui permettre de manger, de voir, d'entendre dans le monde des morts. Puis le cercueil est transporté dans la chambre funéraire, l'entrée de la tombe est scellée, le séjour de Ramsès dans le monde des hommes se termine.

Sur le Nil des morts

Dans le noir du tombeau, une autre histoire commence, celle contée dans le *Livre de l'Amdouat*. Littéralement, le mot signifie « ce qu'il y a dans la Douat », c'est-à-dire dans le monde souterrain. Cette œuvre décrit le voyage qu'accomplit le défunt dans le monde des morts, afin de gagner l'immortalité. Approchons-nous du sarcophage. Traversons les trois coffrages successifs qui nous séparent de la momie. Pour les anciens Égyptiens, ce cadavre n'est pas mort, c'est juste un mort en sursis. Devant lui, deux routes s'ouvrent : celle de la mort définitive, celle de l'éternité. Mais cette dernière doit être gagnée après un périlleux voyage où le défunt devra affronter aussi bien la férocité des monstres que le jugement des dieux.

Faisons le voyage avec lui. D'abord, le double spirituel du pharaon (son *Ka*) se détache de son enveloppe corporelle. Nous basculons aussitôt dans un autre monde. Nous voici dans une petite barque de bois, naviguant sur les eaux noires du Nil. Cette barque n'est pas comme les autres, c'est celle du dieu Rê. À l'exemple du dieu, Ramsès va parcourir les douze heures de la nuit, jusqu'au lever du soleil. Au bout du voyage, comme le jour émerge des ténèbres, Pharaon renaîtra immortel. Heureusement pour lui, Pharaon dispose d'un guide, le *Livre des Morts*, déposé par les prêtres dans son cercueil. Ce papyrus est illustré de vignettes qui sont comme une cartographie de l'au-delà. On y voit des canaux, des lacs, des chemins, des enfilades de portes.

Ramsès donne un coup de rame. Le voyage commence. Il faudra traverser douze portes, gardées chacune par un redoutable serpent. Mais la magie a ses règles et ses mots de passe. Au passage de chaque porte, Ramsès doit prononcer le nom secret du serpent gardien. Si le nom est bien le bon, le serpent bat en retraite, la voie est libre. S'il se trompe, tant pis pour lui. Ramsès donne le bon nom, la première porte est passée. Puis la seconde. La magie fonctionne. Chaque fois, Ramsès a un frisson. Il a connu bien des épreuves au cours de sa longue vie, mais aucune semblable à celle-ci. Cette fois, le vainqueur de Qadesh a peur.

Apophis

La course du soleil le rapproche de l'horizon. Le ciel prend feu. Ramsès a passé la dernière porte, il sait maintenant qu'il doit affronter une nouvelle épreuve avant d'accoster : le serpent Apophis. Encore un reptile, mais celui-là est monstrueux. Dans la mythologie égyptienne, Apophis est un serpent de taille gigantesque qui personnifie le mal et le chaos, rien de moins. À tel point que les astronomes, il y a quelques années, ont baptisé « Apophis » un gros astéroïde de dix kilomètres de diamètre qui menaçait de percuter la Terre. Leurs prévisions étaient erronées, mais cela donne bien la mesure d'Apophis. Son rôle est d'installer définitivement le règne de la destruction et de la nuit sur la Terre. Le voici donc qui surgit du Nil et se dresse droit devant la barque de Pharaon. Comme hypnotisé par la gigantesque créature, Ramsès est incapable de prononcer les paroles magiques qui pourraient le protéger. Le serpent se cabre en arrière pour frapper

Pharaon. Mais trois autres créatures géantes surgissent de la nuit : Seth qui attaque le serpent avec son harpon, Isis qui utilise sa magie pour le priver de ses sens et Bastet, le chat de Rê, qui découpe le serpent avec un grand couteau. La suite se déroule comme dans un songe, dans le fracas du tonnerre et des hurlements de la bête. Harcelé par le trio de dieux, Apophis est vaincu et son sang teinte le ciel de rouge (c'est le rouge de l'aube). Il est vaincu mais pas détruit, prêt pour un nouveau combat à la fin du jour suivant.

Tels des fantômes, les figures divines disparaissent sans même jeter un regard à Ramsès. Sur la rive, néanmoins, se profile une silhouette. Un géant à tête de chacal. Anubis en personne, le gardien du pays des morts. Il tire à lui la barque de Ramsès et lui fait signe de le suivre. La nuit est totale à présent. Ramsès, qui emboîte le pas d'Anubis, peine à suivre les larges foulées du dieu chacal. D'autant qu'il est difficile de s'orienter dans cette obscurité trouée seulement par la pâle lueur des étoiles.

Le cœur et la plume

L'ouverture d'une grotte à flanc de colline. Anubis fait signe à Ramsès d'avancer. Que faire, sinon obéir ? Une lueur. On découvre une immense salle creusée dans la roche. C'est le tribunal des dieux, le lieu du

Jugement, dont Ramsès avait si souvent entendu parler par les prêtres quand il était enfant. Mais le voir est autrement impressionnant. Face à lui, le géant Osiris. Trois fois la taille humaine, assis sur son trône en majesté. Sa peau est verte, sa barbe longue et recourbée. Sur sa tête, la couronne *Atef*, composée d'une coiffe à rayures verticales, surmontée par un disque et deux plumes d'autruche. Dans ses mains, les sceptres du pouvoir. Face à lui, une assemblée de quarante-deux dieux, tous des géants, qui regardent en silence. Entre les deux, Ramsès, qui prend la parole. En tremblant, il prononce la double confession négative, qui le proclame innocent de tout crime contre les dieux ou contre les hommes :

Je n'ai pas faussé le poids de la balance.
Je n'ai pas retiré le lait de la bouche des enfants.
Je n'ai pas privé le bétail de sa pâture.
Je n'ai pas détourné l'eau en sa saison.

C'est ainsi. Dans la religion égyptienne, chacun doit rendre des comptes. Pharaon comme le plus humble de ses sujets. Nous sommes loin d'une démocratie, mais on admet tout de même que le pouvoir, même celui du roi, n'exempte de rien. Quant aux infractions à éviter, elles sont révélatrices des écarts qui pouvaient se pratiquer dans la société égyptienne, aussi bien à l'égard des autres hommes qu'à l'égard des dieux :

Je n'ai pas pris au filet les oiseaux des dieux.
Je n'ai pas pêché de poissons à l'état de cadavres.
Je n'ai point repoussé l'eau à l'époque de la crue.
Je n'ai pas éteint la flamme à son heure.
Je n'ai pas fraudé les dieux de leurs offrandes de
choix.

Quand il en a terminé, Ramsès regarde les dieux. Leurs visages ne montrent aucune expression. Il y a quelques secondes de silence. Sur un geste d'Osiris, Anubis s'approche alors de Ramsès et, d'un mouvement sec, plonge la main droite dans sa poitrine ! Il en sort une petite amulette en forme de scarabée, qui symbolise le cœur de Ramsès. Anubis pose l'amulette sur le plateau d'une balance. C'est la célèbre « pesée du cœur ». Pour les anciens Égyptiens, le cœur – et non le cerveau – concentrait l'intelligence et la raison du défunt. Le cœur était aussi le siège des sentiments. Il résumait l'essence de la personne, ses bons comme ses mauvais côtés. Sur l'autre plateau, Anubis place une plume qui symbolise *Maât*, le principe de vérité et de justice. Si le cœur de Pharaon a le même poids que la plume, tout va bien pour lui, il pourra accéder à l'immortalité. Sinon, il sera livré à une bête fantastique, la « Dévorante ». Ramsès en aperçoit la silhouette, dans l'ombre, prête à bondir. C'est une affreuse chimère, mi-crocodile, mi-lionne. La mort qu'elle donnera sera la deuxième mort, horrible et définitive.

Ramsès ferme les yeux. Discrètement, il adresse une prière au dieu Amon : « Amon, dieu de Justice, je m'en remets à toi. » Il ouvre les yeux. La balance est à peu près équilibrée. Osiris se lève alors de son trône et va droit vers Ramsès qu'il entoure de son manteau. En fusionnant avec Osiris, Ramsès pourra jouir de la vie éternelle. Les deux corps sont comme éclairés de l'intérieur par une lumière de plus en plus vive. Tout bascule autour de Ramsès, il est pris d'un grand vertige et il se retrouve dans son tombeau. Avec l'éternité en plus.

2

Les tribulations d'une momie

Viols en série

Le repos éternel, oui, à condition que personne ne vienne vous déranger. Ce ne sera pas le cas, on va le voir, de la momie de Ramsès II. Il faut dire que, peu de temps après son règne, l'Égypte connaît à nouveau l'insécurité. La longue période de paix qu'elle avait vécue se termine. Mérenptah, son successeur, doit mater une rébellion en Nubie, puis arrêter une invasion libyenne dans la région du delta. La menace la plus sérieuse est celle des « peuples de la mer », des envahisseurs venus de la Méditerranée, en quête de nouvelles terres. Le pharaon Ramsès III parviendra à les repousser, mais des troubles internes succèdent aux conflits extérieurs. En 1154 avant notre ère, le pharaon meurt sous les coups de conspirateurs qui sont eux-mêmes arrêtés et exécutés. Tout cela, on s'en doute, accentue la fragilité du pouvoir central. Les vols, les agressions se multiplient. Même si les tombes de la Vallée des Rois sont gardées, les complicités entre pillards et gardiens aboutissent à de nombreuses intrusions. Chacun sait que, dans ces tombeaux, des richesses inouïes sommeillent, au profit d'un mort qui n'en a que faire.

Nous sommes dans le tombeau de Ramsès II, en l'an 29 du règne de Ramsès III. L'obscurité est totale. Et soudain, du bruit. De la lumière, celle de quelques torches. Trois hommes pénètrent en silence dans la chambre funéraire. Pour l'instant, ils se contentent d'explorer le terrain, les voies d'accès possibles vers le tombeau. À la lumière des torches, ils découvrent les immenses trésors dont leurs grands-pères avaient parlé. Il faudra revenir, avec des dizaines de sacs, pour emporter ces merveilles. Dans l'immédiat, ils prennent ce qu'ils peuvent avec eux et disparaissent. Ils ne reviendront pas. Imprudents ou trop bavards, ils sont arrêtés par les gardes de la Vallée des Rois et enfermés dans un cachot ou condamnés aux travaux forcés.

Mais le sommeil de Ramsès II n'a pas fini d'être troublé. Peu de temps après, c'est une petite troupe de pillards qui s'introduit dans la tombe. Comment ont-ils pu y pénétrer ? Sans doute avec la complicité de quelques gardes. Ce sont des professionnels, organisés et méthodiques. Comme des cambrioleurs, les pillards s'emparent de tout ce qui peut avoir une valeur – et ils ont le choix. Même la dépouille du roi est démaillotée, ses bagues et ses bijoux arrachés. Les sarcophages sont renversés, le mobilier sacré aussi. Que fait la police de la Vallée ? Elle ne fait rien. La grande Égypte, celle des pharaons du Nouvel Empire, n'existe quasiment plus. Nous allons vers des temps de troubles, de divisions, d'invasions. La tombe de Ramsès II n'est pas la seule à être pillée. Tous ses glorieux prédécesseurs y ont droit : Thoutmôsis II, Aménophis III, Séthi Ier, etc.

Déménagements

L'obscurité est retombée sur la chambre funéraire dévastée. Pas pour longtemps. Cette fois, nous sommes en 1090 avant notre ère. Les hommes qui s'introduisent dans la tombe de Ramsès sont des prêtres. Les autorités civiles et religieuses de Thèbes ont décidé de regrouper les plus importantes momies royales dans deux tombes faciles à surveiller, celles d'Aménophis II et de Séthi Ier, le père de Ramsès. Pour la première fois depuis bien longtemps, Ramsès retrouve le contact avec la surface, la terre d'Égypte. Le ciel étoilé plutôt, car, pour des raisons de discrétion, toute l'affaire se déroule de nuit, en transportant les momies sur des brancards. En quelques heures, la momie de Ramsès est acheminée dans sa nouvelle demeure. On l'installe dans un sarcophage de fortune, celui de son grand-père Ramsès Ier. À ses côtés, d'autres pharaons des XVIIIe et XIXe dynasties. Les prêtres murent l'entrée de la tombe et disparaissent. Le repos, enfin ? Hélas, non.

Nouvelle intrusion, peu de temps après. La momie de Ramsès est malmenée par des pillards qui espéraient trouver quelque chose, alors qu'il n'y avait plus rien à voler. Un prêtre d'Amon fait réparer la pauvre dépouille. C'est clair, la cachette n'est pas sûre, il faudra déménager une nouvelle fois ces malheureuses momies. On recommence donc, toujours en pleine nuit. Cette fois, les dépouilles des pharaons migrent dans une tombe anonyme de Deir el-Bahari, non loin du temple d'Hatchepsout. Nous sommes vers 970 avant notre ère. Ce coup-ci, la cachette est sûre. Tellement sûre qu'elle disparaît peu à peu de la mémoire des hommes.

Et c'est ainsi que, pendant deux mille huit cent trente ans, dans l'obscurité du tombeau, Ramsès repose en paix. Là-haut, douze mètres au-dessus de sa tête, la vie continue. L'Égypte est envahie par les Assyriens, puis par les Perses, puis par les Grecs d'Alexandre, puis ce sont les Romains, les Arabes, les Turcs, les Français, les Anglais, etc. La terre des pharaons n'est plus qu'un lointain souvenir.

Redécouverte

Et revoilà les pillards ! Cette fois, nous sommes au cœur de l'été 1871, sur le site de Deir el-Bahari, au sud de la Vallée des Rois. Quatre frères, issus de la lignée des Abd el-Rassoul, une famille de notables du village de Gournah, sont en train de chasser le chacal. L'un d'entre eux découvre un trou, plutôt profond, assez large pour laisser passer un homme. Une formation naturelle ? Peu vraisemblable. Le trou a été creusé, il y a peut-être des milliers d'années, puis délibérément comblé. Dans cette partie de la Vallée des Rois, où le pillage des tombes est pour chacun un second métier, on comprend vite : une tombe royale. L'un des frères, muni d'une bougie, se fait descendre à l'intérieur du puits. Ce qu'il découvre dépasse ses espérances : des sarcophages, des vases, un empilement d'objets certainement très anciens. La fortune, à condition d'être discrets. À la hâte, les quatre frères dissimulent l'entrée de la tombe par un empilement de rochers.

Et c'est ainsi que, pendant dix ans, de 1871 à 1881, les quatre complices écoulent leur butin sur les marchés des antiquaires, à commencer par le grand marché de Louxor, sur la rive droite du Nil. À la longue, ce manège attire l'attention de Gaston Maspéro, le

38

directeur de l'École française du Caire. Il met au point un petit stratagème. Un de ses étudiants jouera, auprès des antiquaires, le rôle de «M. Moustache», un acheteur friand de vestiges, prêt à les payer un bon prix. Le piège fonctionne. À tel point que M. Moustache est rapidement mis en contact avec la source de ce commerce illicite : les quatre frères Abd el-Rassoul. Ils sont arrêtés, interrogés par la police, puis libérés faute de preuves. Pour peu de temps, une dénonciation anonyme les renvoie en prison. Nouvel interrogatoire, plus sévère celui-là. Aveux. Et c'est ainsi que, le 6 juillet 1881, une petite troupe se met en route pour la cachette secrète de Deir el-Bahari. En tête, un des frères Abd el-Rassoul, encadré par deux policiers. Suivent deux inspecteurs du service des antiquités, Émile Brugsh et Ahmed Kamal. Bientôt, le petit tas de pierres qui cachait l'entrée est repéré et dégagé, une corde est introduite dans le trou. Les archéologues descendent, suivis par un policier.

Ce qu'ils découvrent les laisse stupéfaits. Comparable à ce que vivra, en 1922, Howard Carter découvrant la tombe de Toutankhamon. Aussitôt, Gaston Maspéro est prévenu. Il envoie un bateau sur le Nil pour transporter le précieux chargement jusqu'au Caire. La police, elle, expédie des renforts pour contenir la colère des villageois, furieux de se voir dépossédés de «leur» mine d'or par des

Occidentaux en tenue coloniale. Deux jours après, tous les trésors de la « cachette de Gournah » ont pris le chemin du Caire.

Tracasseries

Ramsès repose à présent dans un musée, celui de Boulaq, avec ses autres compagnons pharaons, dans une grande salle construite exprès pour eux. Mais l'endroit se révèle nuisible pour les momies à cause de la proximité du Nil, de la chaleur et de l'humidité. Nous sommes loin des conditions de conservation idéales qui existaient dans les tombeaux de la Vallée des Rois. Ce n'est pas tout. Le khédive, Mohammed Pacha Tewfik, exige une expertise de la momie afin de s'assurer de son identité. Le 1er juin 1896, Ramsès est donc allongé sur une table dans la salle principale du musée. Avec d'infinies précautions, on procède à son déshabillage. La tunique de lin qui le recouvrait est ôtée, ainsi que les bandelettes restantes. Gaston Maspéro a raconté la suite à Pierre Loti : « Au moment où, devant le khédive, l'illustre figure était apparue, l'émotion fut telle que les grands personnages se bousculèrent comme un troupeau et que Pharaon fut renversé ! » Affolement général. Tant bien que mal, on replace la momie sur la table, mais elle a encore souffert.

Pierre Loti rapporte un autre incident cocasse. Quelques mois après, par suite d'une subtile transformation chimique dans la texture de la momie, Ramsès lève la main droite. Un simple relâchement des tissus, mais les gardiens présents hurlent de peur ! Vous en feriez autant. Aussitôt prévenus, les archéologues accourent et tentent de replier la fameuse main, sans succès. Aujourd'hui encore, la momie de Ramsès II a la main levée.

Les malheurs de Ramsès ne sont pas terminés. Pendant quelques semaines, avec d'autres momies, il décore le salon du directeur des antiquités de l'époque, ce qui ne vaut rien à son état de conservation. Cette situation, heureusement, ne dure pas. En 1935, enfin, la momie gagne l'actuel musée du Caire.

Ramsès et les champignons

Mais voici bientôt qu'un nouveau danger menace le long sommeil de Ramsès II : l'afflux des curieux, l'absence de réelle protection, l'humidité alliée à la chaleur, toutes ces conditions réunies provoquent une détérioration grave de la momie. Des champignons, des moisissures la rongent en plusieurs endroits, une odeur nauséabonde l'envahit. Il faut faire quelque chose, mais quoi ?

Christiane Desroches-Noblecourt, une égyptologue renommée, décide alors de faire du sauvetage de la momie de Ramsès II l'objet d'une nouvelle croisade. La précédente, en 1960, lui avait valu une célébrité internationale. Il s'agissait de déplacer les monuments gigantesques d'Abou-Simbel menacés par l'inondation de la vallée consécutive à la construction du barrage d'Assouan. En pleine guerre froide, elle fit appel à la contribution de cinquante pays, à l'Est comme à l'Ouest. Elle eut gain de cause et les monuments d'Abou-Simbel furent mis à l'abri.

Une nouvelle fois, son expérience d'égyptologue et son entregent politique vont lui permettre, en 1976, d'obtenir le sauvetage de la momie de Ramsès II. Car le moyen de soigner la momie existe, mais pas en Égypte : c'est l'irradiation nucléaire, seule capable de la débarrasser efficacement des parasites qui la menacent. Le matériel nécessaire à l'irradiation ne court pas les rues, surtout à cette époque. On le trouve dans les locaux du Commissariat à l'énergie atomique de Saclay, à trente kilomètres de Paris. La décision est donc prise de transporter la momie de Ramsès en France. Les présidents Anouar el-Sadate et Valéry Giscard d'Estaing s'entendent sur les modalités de l'opération.

C'est le doyen Lionel Balout, administrateur du musée de l'Homme, qui prend les choses en main. Le 26 septembre 1979, la momie quitte donc le musée du Caire pour prendre place à bord d'un gros avion de transport, un Bréguet deux-ponts. Dans son récit du sauvetage, Christiane Desroches-Noblecourt précise que, sur sa demande, le pilote fait passer l'avion au-dessus des pyramides. Une manière de suggérer à l'auguste momie que tout, en Égypte, n'a pas changé.

Ramsès à Paris

Autre joli détail : c'est au son de La Marseillaise que la momie de Ramsès est accueillie à l'aéroport du Bourget. Pour lui rendre les honneurs de la France, il y a aussi la ministre des Universités, Alice Saunier-Seïté, le chef de la Maison militaire du président Giscard d'Estaing et l'ambassadeur d'Égypte Hafez Ismaël.

Une rapide traversée de Paris conduit la momie au musée de l'Homme. Mme Christiane Desroches-Noblecourt, qui l'accompagne, ne peut résister à l'envie de faire passer le convoi par la place de la Concorde, ornée d'un des deux obélisques que le pharaon, de son vivant, avait fait ériger à Louxor. Une possible faute de goût. Retrouver un de ses obélisques à Paris aurait sans doute fortement déplu à Ramsès.

Une salle spéciale a été affectée à la momie au musée de l'Homme. La momie y restera sept mois, dans une petite chambre climatisée. Quinze laboratoires, ainsi qu'une cinquantaine de chercheurs et de techniciens, vont l'examiner sous toutes ses coutures et la préparer pour son irradiation. Roger Lichtenberg, un de nos meilleurs spécialistes des momies, a eu la chance de faire partie de l'équipe de radiologues qui ont travaillé sur la momie de Ramsès. Ils ont commencé par la dentition du pharaon. Privilège de caste, il avait conservé de nombreuses dents à un âge avancé, alors que ses contemporains les perdaient toutes dès l'entrée dans la vieillesse. Mais dans quel état ! Beaucoup étaient considérablement déchaussées ou carrément pourries. On observa aussi une calcification de la carotide. Ramsès II souffrait d'un athérome vasculaire, sans doute d'hypertension et d'un certain nombre de problèmes cardiaques. Au total, pas mal de raisons de mourir.

Au passage, les chercheurs ont eu quelques surprises : celle, d'abord, de découvrir que Ramsès était roux ! Teint au henné, mais roux à la base. Une curiosité, vu qu'en Égypte ancienne les roux étaient perçus comme des êtres diaboliques et malfaisants. Ramsès avait donc pris soin de faire teindre ses cheveux. Une autre curiosité fut de découvrir, parmi les produits qui ont servi à embaumer la momie, la présence de feuilles de tabac. Du tabac en Égypte, alors que cette plante n'existe qu'en Amérique ! On se posa alors, même chez les égyptologues les plus sérieux, des questions étranges : les anciens Égyptiens auraient-ils traversé l'Atlantique pour gagner les Amériques et rapporter des feuilles de tabac ? Mais comment auraient-ils fait, sur quels bateaux ? L'hypothèse fut vite balayée, mais le mystère demeure. D'où provenait ce tabac ? On ne connaît pas encore la réponse.

Irradiation

Ramsès est ainsi examiné pendant plusieurs mois. Mais n'oublions pas qu'il est venu se faire traiter. En tout, une soixantaine de champignons sont détectés sur la momie. L'un d'eux, le *Daedalea biennis*, est le champignon à abattre. Pour cela, il faudra l'exposer au rayonnement gamma émis par un corps radioactif, le cobalt 60, qui stérilisera la momie de manière efficace, sans danger pour elle. Ramsès est donc transporté à Saclay. Avant de procéder à l'opération, les chercheurs redoublent de prudence. Au moyen d'un ordinateur de l'époque, ils ont calculé sur des momies d'étude la disposition optimale des sources de cobalt 60. Le pouvoir pénétrant du rayonnement gamma permettra à la momie d'être irradiée dans le cercueil spécialement construit pour elle. La séance commence. Elle dure une dizaine d'heures. Les premiers tests sont positifs, les micro-organismes sont détruits, la momie semble sauvée. À condition, toutefois, de respecter un certain nombre de conditions, que nous rappelle Roger Lichtenberg. Une momie n'est qu'un organisme *stabilisé*. En d'autres termes, le pourrissement du corps ne demande qu'à repartir, pour peu que les conditions soient favorables. C'est la raison pour laquelle, revenu aujourd'hui au musée du Caire, Ramsès est enfermé dans un cercueil de verre hermétique au sein duquel le degré d'hygrométrie et la température sont soigneusement surveillés, seuls moyens de lui permettre de traverser encore quelques siècles.

DE LA MOMIFICATION
À L'EMBAUMEMENT

1

L'invention des momies

Momies dans un désert martien

Contrairement à ce qu'on imagine, les Égyptiens n'ont pas inventé les momies. Bien longtemps avant les premières momies égyptiennes, des peuples précolombiens, les Chinchorro du Pérou et du Chili, pratiquaient déjà l'art de la momification. Ces momies chinchorro ont été découvertes dans un des déserts les plus inhospitaliers du monde, le désert d'Atacama, au nord du Chili. Un désert si aride qu'il a été choisi par la NASA pour expérimenter les robots destinés à l'exploration de la planète Mars. Les plus anciennes momies chinchorro remontent, d'après les archéologues, à 5050 avant Jésus-Christ. Contre 3000 avant Jésus-Christ pour les momies égyptiennes. En l'état actuel des connaissances, ce sont les toutes premières momies artificielles de l'histoire. «Artificielles» est d'ailleurs un bien grand mot car c'est le désert qui faisait l'essentiel du travail, en asséchant les corps et en empêchant leur décomposition. Néanmoins, pour aider la nature et permettre à leurs momies de conserver un semblant de forme humaine, les Chinchorro prenaient soin d'ôter les organes et les muscles du corps du défunt, qu'ils bourraient de végétaux et de morceaux de peaux pour le «regonfler».

Cinq mille ans avant notre ère apparaît donc, en Amérique du Sud, un culte des morts original, favorisé par des conditions climatiques extrêmes et reposant sur la préservation de la forme humaine. Les mêmes causes produisant à peu près les mêmes effets, il réapparaîtra, deux mille ans plus tard, dans le désert égyptien. Mais les Égyptiens, eux, vont y ajouter un faisceau de croyances, de techniques et de rituels qui vont construire, au fil des siècles, la grande histoire des momies.

Ginger

On l'a surnommé Ginger à cause de ses cheveux roux. Il repose aujourd'hui dans une vitrine du British Museum. C'est la plus vieille momie égyptienne, celle d'un homme inhumé dans le sable trois mille quatre cents ans avant notre ère, à l'époque prédynastique.

On divise traditionnellement l'histoire égyptienne en quelques grandes périodes, séparées par des périodes dites «intermédiaires». Pour faire simple, la période thinite (Ire et IIe dynasties) voit apparaître les premiers pharaons. Puis vient l'Ancien Empire (de la IIIe à la VIe dynastie), au cours duquel sont construites les grandes pyramides de Saqqarah, puis de Gizeh. Suivi par le Moyen Empire (de la XIe à la XIIe dynastie) et le Nouvel Empire (de la XVIIIe à la XXe dynastie), la période la plus célèbre de l'histoire égyptienne, celle de pharaons comme Ahmôsis, Hatchepsout, les Thoutmôsis, les Aménophis, Akhenaton, les Ramsès, etc. C'est l'Égypte la mieux connue du grand public, celle des temples de Karnak et de Louxor, du Ramesséum et des monuments d'Abou-Simbel. La Basse Époque, enfin, verra le pays dominé par des souverains étrangers, perses, grecs ou romains, avant la disparition, en -31, de Cléopâtre VII, le dernier pharaon d'Égypte. Tout cet ensemble, de -3185 à -31, se construit sur plus de trente et un siècles d'histoire. Ginger, lui, vient bien avant, dans une Égypte encore informe que les égyptologues, jamais en mal d'imagination, ont appelée l'Égypte de la dynastie zéro.

À quoi ressemblait l'Égypte de Ginger ? À un pays divisé, déjà en quête d'unification. Car ce n'est plus la préhistoire. En témoigne la découverte de hiéroglyphes, essentiellement figuratifs, datant de cette époque. Les fouilles d'Hiérakonpolis, au nord d'Assouan, ont aussi mis en évidence les traces de cultes archaïques, dominés par la figure du dieu faucon Horus. Bref, dès cette époque lointaine, les hommes cherchent, avec les moyens à leur disposition, à donner un sens à leur vie. Ou à leur mort. Ginger fait partie d'un groupe de six corps momifiés découverts à la fin du XIXe siècle par Wallis Budge, responsable du département égyptien du British Museum. On les appelle les «momies de Gebelein» car elles ont été trouvées dans la région de Gebelein, à une quarantaine de kilomètres au sud de la ville actuelle de Louxor. Ces corps, entièrement desséchés par la chaleur du désert, sont dans un remarquable état de conservation, malgré leur âge vénérable.

Pourquoi les hommes de ces temps prédynastiques se donnaient-ils la peine d'enterrer leurs morts dans le désert, quand il aurait été plus simple de les inhumer là où ils vivaient, sur les berges du Nil? Simplement parce qu'ils craignaient de contaminer le riche limon sur lequel poussaient leurs cultures. Les paysans avaient donc pris l'habitude de parcourir les deux ou trois kilomètres qui séparent le Nil du désert, puis de déposer les corps dans des fosses ou des puits creusés dans le sable, à l'abri des chacals ou des chiens du désert.

Et puis, un jour, par accident, une de ces fosses est découverte. À l'intérieur, il y a un cadavre. Et ce cadavre est intact. Desséché, oui, mais intact.

Miracle ? Ne prenons pas les paysans de la vallée du Nil pour des naïfs, ils comprennent vite que la chaleur du désert a empêché la décomposition du corps. Mais comme les croyances religieuses remplacent alors les manuels de physique-chimie, on ne peut s'empêcher de penser à une vie possible après la mort. Résultat : au lieu de se débarrasser des cadavres, on va les aider à réaliser leur long voyage au pays des morts.

Un meurtre inaugural ?

Et revoici Ginger. Les conservateurs du British Museum ont pris grand soin de l'exposer tel qu'il a été trouvé. En position fœtale, couché sur le côté gauche. Peut-être a-t-il été, à l'origine, enveloppé dans un tapis de roseaux ou de matières végétales. Le crâne de Ginger comporte encore des touffes de cheveux roux (d'où son surnom), sa mâchoire a conservé toutes ses dents en bon état. À ses côtés, on a trouvé quelques fragments de pots d'argile, disposés en guise d'offrandes.

Depuis, Ginger nous a réservé une belle surprise. En 2012, le Dr Daniel Antoine, qui dirige le département d'anthropologie au British Museum, obtient l'autorisation de transporter Ginger dans un hôpital londonien (le Bupa Cromwell Hospital) afin de l'étudier avec un CT-scan, une technique d'imagerie médicale offrant une exploration non invasive des structures anatomiques. L'association du scanner et de la numérisation 3D permet, dans un premier temps, d'obtenir un double virtuel de la momie. Puis les chercheurs renvoient Ginger dans sa cage et s'en donnent à cœur joie avec son double. Et pourquoi pas, au pays de Sherlock Holmes, une autopsie virtuelle ?

Ils l'ont fait et n'ont pas été déçus. L'examen de l'ossature du corps a révélé en effet un homme encore jeune, mort probablement entre dix-huit et vingt ans. Mort de quoi ? D'un coup de couteau dans le dos ! Selon le Dr Antoine, les fractures des côtes et de l'omoplate laissent peu de place au doute : la première momie égyptienne est morte assassinée. Après son décès, ses proches ont disposé le corps dans sa fosse et lui ont rendu une forme de culte.

Quand il se piquait d'anthropologie (par exemple, dans *Totem et tabou*), Sigmund Freud estimait que les progrès de civilisation de l'humanité se fondaient le plus souvent sur la culpabilité. On serait tenté de voir dans la mésaventure de Ginger un «progrès» de ce genre. Un meurtre à l'origine du rituel de la momification. Trop joli, sans doute, pour être vrai.

Il reste que Ginger est une momie, même si c'est une momie naturelle. Elle n'a subi aucun traitement particulier, les proches de Ginger se sont contentés de le confier à la chaleur du désert. Mais on peut parier qu'ils savaient ce qu'ils faisaient : aider leur ami (leur fils, leur frère ?) à gagner l'éternité. Ils n'ont pas trop mal réussi. Aujourd'hui, installé dans sa cage de verre du British Museum, à la température et à l'hygrométrie soigneusement contrôlées, Ginger – si tout va bien – a encore de beaux siècles devant lui.

Secrets de cuisine

Le mieux est l'ennemi du bien. Puisque Ginger s'est si bien conservé dans sa tombe de sable, les générations suivantes décident d'inhumer leurs morts avec les honneurs, particulièrement les chefs. On imagine donc des petits bâtis, des tertres funéraires au sein desquels le défunt est isolé dans un cercueil en bois, et plus seulement enfoui directement dans le sable. Patatras, c'est justement ce qu'il ne fallait pas faire ! Soustraits à l'action asséchante du sable, les corps se décomposent et disparaissent. On comprend alors que la conservation des corps est à mettre en relation avec le « pompage » des fluides corporels par le sable du désert, bref que l'eau est l'ennemie de l'éternité.

Ce premier pas en entraînera d'autres, toujours réalisés par essais et erreurs. Le plus important de tous est l'utilisation du natron. Sans le natron, la grande histoire des momies égyptiennes n'aurait jamais pris l'ampleur qu'on lui connaît. Le natron ? C'est un sel, un carbonate de sodium existant à l'état naturel dans certains terrains désertiques. En Égypte, on en trouve dans certaines étendues au sud de Louxor, mais surtout, évidemment, dans la vallée du natron (Ouadi Natroun), qui lui a donné son nom. Nous y sommes allés. Ce n'est pas un bien long voyage, puisque la vallée ne se trouve qu'à soixante-quinze kilomètres au nord-ouest du Caire. Mais le paysage est étonnant. On pourrait dire lunaire, sauf qu'il s'agit ici d'une lune blanche, une lune de natron. La blancheur du sel accentue encore la chaleur épouvantable du lieu. On y trouve des restes de colonnes provenant de petits temples de l'époque pharaonique. Avec le temps, la région avait acquis un caractère sacré à cause de l'étrange substance qu'on y trouvait, devenue indispensable à la confection des momies. Plus tard, peut-être à cause de ses allures de purgatoire salin, elle attira les ermites chrétiens. Le premier et le plus célèbre, Macaire de Scété (ou Macaire le Grand), rassembla autour de lui une petite communauté de moines. La légende dit que Macaire aurait erré six mois, nu, dans cet enfer pour expier la mort d'une puce qu'il avait écrasée, dans un geste vengeur, après qu'elle lui avait piqué la cuisse. D'autres ermites, puis plusieurs monastères coptes, s'installèrent ensuite dans la vallée.

Non content d'avoir un pouvoir déshydratant hors du commun, le natron possède également des propriétés nettoyantes et antiseptiques. Ces atouts ont vite été reconnus puis utilisés par les prêtres embaumeurs. On a retrouvé les viscères de la reine Hetephérès, une reine de la IVᵉ dynastie, conservés dans des vases de natron, mais sans doute l'utilisation des sels de natron était-elle bien antérieure. Dans son âge classique, on l'a vu lors de la momification de Ramsès II, la procédure consistait à remplir les cavités corporelles de petits sacs de natron emballés dans du lin, puis d'immerger le corps tout entier, pendant quarante jours, dans de la poudre de natron. Ainsi pouvait-on être sûr d'avoir vidé le corps de tous ses fluides corrupteurs.

L'éviscération est un autre de ces secrets de cuisine découverts, sans doute empiriquement, par les premiers prêtres embaumeurs. Lieux privilégiés du développement des bactéries après l'arrêt des fonctions vitales, les viscères abdominaux sont incompatibles avec la bonne conservation des corps. Les prêtres commençaient donc par les ôter soigneusement et par les conserver dans les vases canopes. La procédure remonte aux débuts de la momification puisqu'on a retrouvé des vases canopes datant de la IIIᵉ dynastie, deux mille sept cents ans avant notre ère. À noter que c'est Champollion en personne qui a, le premier, découvert l'usage des vases canopes.

Les bandelettes enfin, ces fameuses bandelettes inséparables de l'image que nous avons des momies. Au début, on les enduisait de plâtre, ce qui permettait, en les moulant sur le corps du défunt, de conserver l'apparence de sa forme. Parfois, on ajoutait tant et tant de plâtre que le défunt finissait par ressembler à un colosse qui n'avait plus rien d'humain. Pour l'humaniser, justement, on peignait à la place du visage des traits grossiers, des yeux, des sourcils, des lèvres censés reproduire ceux du mort. L'utilisation du plâtre disparaît à mesure que l'usage du natron se répand, couplé à des bandelettes enduites d'huiles et de résines. Ce sont d'ailleurs ces résines qui ont donné le mot persan *mum*, qui signifie «cire», d'où est issu le mot arabe *mumya* qui a donné le latin *mummia*.

Un corps, c'est un corps

Ces techniques n'auraient pas atteint un si haut degré de perfection si elles n'étaient restées que cela, de simples savoir-faire. Le miracle égyptien, c'est d'avoir réussi à coupler une technique de conservation des corps très efficace avec une conception du monde (ou plutôt de l'autre monde) particulièrement élaborée. Impossible de savoir ce qui est venu en premier. Dès leur apparition, les techniques ont été poussées en avant par les croyances, qui se sont appuyées sur leurs résultats pour devenir un système métaphysique d'une étonnante sophistication.

Nous autres, Occidentaux, avons hérité d'une conception dualiste de l'âme et du corps. Faussement dualiste en fait, car, dès qu'elle s'est envolée, l'âme n'a plus besoin du corps. Elle file au ciel pour y vivre joyeusement sa vie de pur esprit. Pendant ce temps, proprement inhumé, le corps finit par se décomposer le plus improprement du monde. Oublié, le corps ! C'est à l'âme qu'on pense, c'est elle qu'on chérit dans le secret des cœurs, elle qu'on implore ou qui fait retour, parfois, sous l'allure d'un joli fantôme ou d'un spectre malveillant.

D'accord, le christianisme promet aux croyants la résurrection des corps. Chacun de nous, annonce-t-il, ressuscitera à la fin des temps sous la forme d'un « corps glorieux ». La belle affaire ! Ce corps glorieux, tel qu'on peut le deviner au vu des maigres indications des Évangiles, n'a rien d'un corps. C'est le corps de Jésus ressuscité, un corps immatériel qui passe à travers les portes, un corps si peu physique qu'il échappe aux lois de l'espace et du temps, un corps qui rayonne de la lumière divine. Un corps épatant, certes, mais plus vraiment un corps.

Pour les anciens Égyptiens, à l'inverse, un corps c'est un corps. La matière vivante leur paraissait si précieuse qu'ils se sont ingéniés, pendant des lustres, à trouver le bon moyen de la conserver. Pour autant, les Égyptiens n'ignorent pas la dimension spirituelle de la vie. Mais, pour eux, tout est *Maât*, le mot égyptien qui désigne l'équilibre. Tout est régi par les lois de l'équité et de la justice. L'être vivant lui-même n'échappe pas à cette loi d'équilibre.

Le trio de l'éternité

Pour les anciens Égyptiens, l'être vivant est composé de trois éléments d'égale importance. Le premier est le corps physique. Puis vient le *Ka*. C'est le double spirituel du corps, qu'on peut assimiler à l'énergie vitale. Le troisième élément est le *Ba*, qui correspond à ce que nous appelons l'âme ou l'esprit.

La mort, pourvoyeuse de désordre, sépare tous ces éléments. Elle n'aura pas forcément le dernier mot. La fonction des rites funéraires va consister, justement, à rétablir l'équilibre rompu. Comment ? En permettant à chacun des trois principes de survivre après la mort. Le *Ka*, par exemple, reste auprès du corps du défunt. C'est lui qui consomme toutes les offrandes déposées dans la tombe, pour se donner des forces et se maintenir vivant. Le *Ba*, l'esprit du défunt, est représenté par un oiseau à tête humaine qui s'évade du corps après la mort pour s'en aller voyager au pays des dieux, subir le jugement d'Osiris et en revenir purifié. Les formules magiques du *Livre des Morts* l'aideront dans cette tâche. Quant à la momification rituelle, elle a pour tâche de rendre le corps inaltérable afin que le

Ba et le *Ka* puissent, ultérieurement, reformer avec lui leur ancien trio. Bref, la conception de l'être vivant chez les anciens Égyptiens est égalitaire et régie par l'équilibre, chaque élément est indispensable à la survie des autres. Ne cherchez pourtant pas un traité de métaphysique détaillant cet ensemble de croyances, vous n'en trouverez pas. Ces conceptions étaient intimement liées aux pratiques et aux rituels, elles formaient un mode de vie plus qu'une philosophie.

Le couple de l'éternité

Dans le cadre général de cette conception de la vie, la conservation du corps physique avait une si grande importance qu'elle a rencontré très tôt un mythe fondateur, qui l'a transformée en une pratique cultuelle aux accents magiques. C'est le mythe d'Isis et d'Osiris.

Le culte d'Osiris est aussi ancien que l'Empire égyptien. Il prend naissance sous la IVe dynastie, vingt-cinq siècles avant notre ère. Dans le récit mythique, Osiris est un dieu pharaon qui règne sur le pays avec Isis, sa sœur et son épouse. C'est un dieu plutôt bienveillant, le dieu de la fertilité et de l'agriculture, la couleur verte de sa peau en témoigne. Le problème d'Osiris, c'est son frère Seth. Seth jalouse Osiris, il ne supporte pas de n'être que le roi du désert quand Osiris règne, lui, sur la vallée fertile. Il suffit de regarder une carte pour comprendre les récriminations de Seth. L'Égypte est un désert traversé, sur plus de mille kilomètres, par la vallée fertile du Nil. On a partout seriné le mot d'Hérodote : « L'Égypte est un don du Nil. » Il faut reconnaître que c'est bien vu. La vie, en terre d'Égypte, a quelque chose d'un miracle qui s'étend sur deux étroites bandes de terre, larges de 2 000 à 3 000 mètres, de part et d'autre du Nil. Au-delà, de chaque côté, il y a le désert. À l'est, le désert de Libye. À l'ouest, le désert d'Arabie. Le domaine stérile et aride de Seth.

Seth médite donc, Caïn avant l'autre, de tuer son frère. Pour cela, il organise un banquet au cours duquel il propose d'offrir un coffre magnifique à celui qui le remplira parfaitement. C'est un piège grossier car il a pris soin, préalablement, de faire construire le coffre aux mesures exactes de son frère. Osiris, grand naïf, s'étend dans le coffre. Aussitôt Seth rabat le couvercle, le cloue et le jette dans le Nil. Le meurtrier usurpe le trône tandis qu'Isis cherche désespérément son Osiris, qu'elle finit par retrouver en Phénicie. Mais Seth s'empare à nouveau du corps et le coupe en quatorze morceaux qu'il disperse dans le Nil. Patiemment, Isis rassemble les membres épars de son époux, reconstitue son corps avec le dieu Anubis, l'entoure de bandelettes et réussit à lui rendre la vie. Plus tard Horus, le fils d'Osiris et d'Isis, vengera son père. Il tuera Seth et deviendra pharaon à son tour. Depuis ce jour, Osiris règne sur le royaume des morts.

Le mythe fait d'Osiris, ressuscité dans ses bandelettes, le modèle des futurs défunts, appelés à ressusciter par le rite de la momification. Le prêtre qui procédait à l'ouverture du corps, lors de l'embaumement, portait un masque de chacal afin de personnifier le dieu Anubis, qui aida Isis à momifier Osiris. On invoquait aussi Anubis lors du rituel de l'ouverture de la bouche. Bref, tous les aspects de la momification reçoivent leurs répondants mythiques, le scalpel devient un outil sacré, la technique de la momification acquiert un caractère religieux. Avec le temps, le nom d'Osiris lui-même devient un substantif. Se faire momifier n'est pas faire *comme* Osiris, c'est devenir soi-même un Osiris. Dans les textes, le défunt est généralement désigné comme un Osiris, après quoi est noté son vrai nom.

Une pyramide de rituels pour un seul homme

Ainsi, ce qui a commencé, dans l'Égypte prédynastique, comme un procédé pratique de conservation des corps devient, au début de l'Ancien Empire égyptien, une cérémonie complexe, régie par un rituel précis, usant de formules magiques consignées dans des textes sacrés. On peut ne pas être sensible à la dimension religieuse de la momification, on ne peut lui dénier une grande cohérence, qui organise toutes les pratiques en un système parfaitement pensé et agencé.

Le problème, c'est que l'ensemble de cette machinerie sacrée ne concerne en tout et pour tout qu'un homme et un seul : le pharaon. Sous l'Ancien Empire, en effet, seul le roi peut bénéficier de l'immortalité permise par la momification et par les rituels qui l'accompagnent. Une montagne, on pourrait presque dire une pyramide de subtilités et de rituels au service d'un seul homme. Et pour lui offrir quoi ? Ce que tous les hommes et toutes les femmes désirent : l'éternité. C'était trop injuste et parfaitement incompatible avec le souci d'équité et d'équilibre qui animait les anciens Égyptiens. Cette situation ne pouvait pas durer, elle n'a d'ailleurs pas duré.

2

L'éternité pour tous

Un personnage-clé de l'histoire des momies

L'histoire des momies est aussi longue que celle de l'Égypte ancienne, mais c'est une histoire anonyme. Certaines momies sont célèbres, telles celles de Ramsès II ou Toutankhamon, mais aucune figure saillante ne semble se dégager de cette histoire, aucun Imhotep, cet architecte de génie qui met au point la construction des pyramides à degrés et dont les chroniques ont conservé le nom. Les améliorations, les innovations se sont ajoutées les unes aux autres, au fil des siècles, pour faire de cette aventure collective une réussite incontestable de l'ingénierie égyptienne, mais les historiens ne trouvent personne pour l'incarner. Telle était, en tout cas, la situation jusqu'en 2002. Depuis, nous disposons enfin d'un « héros » de l'histoire des momies. Ou plutôt d'une héroïne. Il s'agit de la reine Ankhésenpépi II. C'est elle, le personnage-clé de l'histoire des momies égyptiennes !

Ankhésenpépi a vécu sous l'Ancien Empire, c'est une reine de la VIᵉ dynastie. Elle épousa le pharaon Pépi Iᵉʳ dont elle eut un fils, le futur Pépi II. Il existe d'ailleurs une très jolie statue d'albâtre, conservée au Brooklyn Museum de New York, montrant la reine tenant son fils Pépi II sur ses genoux. Le jeune Pépi n'étant âgé que de six ans à son arrivée au pouvoir, Ankhésenpépi assure la régence pendant quelques années, épaulée dans cette tâche par son frère Djaou. Il semble que la reine ait gouverné le pays avec poigne, sans doute s'agissait-il d'une femme forte. Mais bon, ce n'est ni la première ni la dernière femme de tempérament dans l'histoire de l'Égypte ancienne.

À présent, situons l'époque. Nous sommes à la fin de l'Ancien Empire, vers 2240 avant notre ère. Si vous aviez parlé aux contemporains de la « fin » de l'Empire, ils auraient fait les yeux ronds. Quelle fin ? Au contraire, l'Égypte semble alors au faîte de sa prospérité. C'est une période de grande stabilité politique, le pays n'est menacé par aucun ennemi extérieur. Et quand cela serait, il possède les moyens de se défendre. Corrélative de cette stabilité, la centralisation du pays montre surtout ses bons côtés : l'ordre intérieur est assuré, fondé sur une administration efficace qui peut mobiliser des moyens matériels considérables quand cela se révèle nécessaire. Le meilleur exemple, évidemment, ce sont les pyramides. Aujourd'hui encore, nous sommes ébahis par ces immenses édifices. Les contemporains l'étaient au moins autant que nous, ils en étaient aussi très fiers. L'érection de tels monuments démontre, en plus du génie propre aux architectes égyptiens, la prospérité et la solidité politique du régime. Un âge d'or, certainement. Mais qui ne va pas durer.

Un empire en déliquescence

Au même titre que la chute de l'Empire romain, la chute de l'Ancien Empire égyptien reste une énigme, en tout cas une source de débats interminables entre historiens. On considère généralement que l'Ancien Empire se termine avec le règne de Pépi II. Les historiens appellent « première période intermédiaire » les cent trente années qui suivent. D'autres, moins charitables, les surnomment l'« âge sombre ». Que s'est-il passé ? On l'ignore. On constate seulement que l'État centralisé s'est brutalement effondré, que des forces centrifuges se mettent à tirer l'empire dans tous les sens, jusqu'à le déchirer. Une catastrophe naturelle ? Une modification du climat ? On l'a suggéré. On a incriminé, par exemple, une aridité croissante du pays, liée à une baisse du niveau des crues du Nil.

C'est possible. Cependant, nous possédons un témoignage qui nous oriente dans une tout autre direction, celle d'un bouleversement sociopolitique. Il s'agit des *Lamentations d'Ipou-Our*, un scribe de l'époque qui, comme le fera plus tard le prophète Jérémie, se lamente sur les malheurs du temps. Il déplore le trop long règne du pharaon Pépi II (quatre-vingt-quatorze années de règne), dont la faiblesse de caractère incita une oligarchie ambitieuse à se partager les leviers du pouvoir. Mais le bouleversement va bien au delà d'une révolte des grands du royaume. La révolte des nobles semble avoir suscité à son tour une révolte des classes moyennes, puis des classes populaires, précipitant une révolution sociale globale qui met un terme à l'orgueilleuse administration qui avait bâti les pyramides.

Sur la piste de la voleuse d'éternité

Quel rapport avec la reine Ankhésenpépi et les momies ? Nous y arrivons. Une des causes majeures qui, ajoutée aux autres, a peut-être précipité la chute de l'Empire se met en place lors de la régence de la reine Ankhésenpépi, alors que Pépi II n'est encore qu'un jeune garçon. À cette époque, la reine régente, assistée par la main de fer de son frère, le vizir Djaou. Il a tous les pouvoirs du pharaon. Tous, sauf un. Celui de bénéficier des formules magiques qui, à sa mort, lui permettraient, après avoir été momifiée, de gagner l'éternité. Cela, c'est un privilège réservé au seul pharaon. Que va faire la reine ? Se résigner, après avoir passé le relais à son fils Pépi II, à attendre la mort et à pourrir dans une tombe ? Ou profiter de la place stratégique qu'elle occupe pour tenter un coup de force : être la première, en dehors du pharaon, à faire inscrire dans son tombeau les incantations magiques qui lui permettront de défier les siècles ? Bref, à faire le cambriolage du millénaire : voler le rituel d'éternité ? Cette hypothèse, qui aurait pu faire la matière d'un roman ou d'une tragédie classique, n'est pas dénuée de fondement. Elle résulte du long travail d'un égyptologue français, Audran Labrousse.

Le tombeau de Pépi

Aujourd'hui retraité, Audran Labrousse, directeur de recherche au CNRS, fut directeur de la Mission archéologique française de Saqqarah, créée en 1963 par le Pr Jean Leclant. Impossible, à le voir, d'imaginer qu'il a atteint l'âge de la retraite, tant son enthousiasme est resté celui d'un jeune homme. Audran Labrousse a pourtant derrière lui un tableau de chasse impressionnant. À force de patience et de volonté, il a contribué à la découverte de plusieurs pyramides de reines sur le site de Saqqarah, dont celle de la reine Ankhésenpépi.

La nécropole de Saqqarah se trouve sur le plateau du même nom, à une trentaine de kilomètres au sud du Caire. C'était la nécropole de Memphis, la capitale de l'Ancien Empire égyptien. On y trouve précisément la première pyramide à degrés édifiée par Imhotep, l'architecte du pharaon Djéser, avant même les fameuses pyramides de Gizeh.

Une des pyramides les plus remarquables du site est celle du pharaon Pépi Ier, fouillée par les égyptologues Jean Leclant et Jean-Philippe Lauer, puis par Audran Labrousse. Pour les besoins de notre enquête, nous avons proposé à Audran Labrousse de nous retrouver devant la pyramide de Pépi, qu'il revoyait lui-même, ému, après quelques années d'absence. Nous ne perdons pas de temps. Muni d'une lampe de poche, vêtu d'un uniforme à la « Indiana Jones » (la saharienne et le chapeau sont une concession à la mode de beaucoup d'égyptologues, ne leur refusons pas ce petit plaisir), Audran Labrousse nous invite à le suivre dans la descenderie, un long couloir bas de plafond qui s'enfonce sur quelques dizaines de mètres sous le plateau rocheux. C'est par ce couloir de descente qu'on introduisait le cercueil du roi au moment des funérailles. Après la cérémonie, cette énorme rampe était fermée par des murs de calcaire et interdite aux vivants.

La descenderie débouche sur un couloir horizontal. Sur ses parois sont gravées des centaines de lignes serrées de hiéroglyphes. Ce sont les textes magiques et les incantations qui aideront le pharaon défunt à trouver son chemin au pays des morts. Au plafond, des étoiles à cinq branches symbolisent la voûte étoilée. Puis un nouveau couloir s'ouvre sur l'antichambre, située sous le centre de la pyramide. On y découvre d'autres textes gravés, mais ceux-là ont été trouvés sur le sol, à l'état de fragments. Deux mille cinq cents pièces éparses qu'il a fallu assembler, comme un immense puzzle. Nous progressons encore de quelques mètres et nous arrivons enfin dans la chambre funéraire. Une pièce de petite taille, aux murs recouverts, eux aussi, de textes magiques. Au fond de la pièce, le sarcophage de basalte est toujours en place, mais il est vide. Le couvercle a été brisé par les pilleurs de tombes, la momie a disparu.

Ce qui s'est évanoui dans le réel existe néanmoins dans le virtuel. En 2002, Audran Labrousse a fait réaliser une courte vidéo qui reconstitue l'ensemble de la tombe en 3D et notamment le sarcophage, tel qu'il était avant d'avoir été vandalisé. Un objet de toute beauté, tapissé d'or. À l'intérieur, on trouvait deux cercueils, un cercueil classique et un cercueil anthropomorphe où reposait, serrée dans ses bandelettes, la momie de Pépi.

L'éternité, c'est la momie et les textes

La suite de notre histoire est conditionnée par l'existence de ces textes gravés, que nous avons découverts dans le couloir et dans l'antichambre de la tombe du pharaon. À l'époque de Pépi, il y a quatre mille cinq cents ans, les égyptologues les appellent les *Textes des Pyramides*, parce qu'ils apparaissent uniquement dans les pyramides des rois. Plus tard, au Moyen Empire, on les appellera les *Textes des Sarcophages* parce qu'on les trouvera, le plus souvent, gravés sur les sarcophages des défunts. On dénombre au total près de mille cent quatre-vingt-cinq formules. Certaines ne sont que de simples phrases, d'autres sont de véritables paragraphes, avec une introduction et une conclusion. Enfin, à une époque plus tardive, on parlera des textes du *Livre des Morts*, inscrits sur des papyrus déposés au pied du sarcophage. Ce sont peu ou prou les mêmes textes, évidemment enrichis à mesure que le temps passe. Mais leur fonction est identique. Ce sont des formules et des incantations indispensables à la survie du pharaon au cours de son voyage au pays des morts.

Audran Labrousse insiste sur ce point : pour gagner l'éternité, dans la religion égyptienne, la conservation du corps ne suffit pas. La momification, ce n'est que la moitié du travail. Le défunt doit pouvoir se servir des textes magiques pour déjouer les pièges qui lui seront tendus dans l'autre monde, pour passer les portes secrètes, combattre les démons et les bêtes sauvages comme le serpent Apophis. Sans les textes magiques, l'esprit du défunt est perdu, il va tout droit à la seconde mort, celle qui le verra disparaître à jamais. Et c'est là que nous retrouvons la reine Ankhésenpépi.

Fric-frac

Une fois le tombeau de Pépi dûment exploré et fouillé, en effet, les égyptologues se sont mis en tête de trouver les tombeaux des reines. On estime que le pharaon Pépi Ier eut huit ou neuf épouses, peut-être plus. Les plus importantes de ces épouses ont bénéficié d'une pyramide de reine, édifiée près de la sienne à Saqqarah. Parmi elles, la reine Ankhésenpépi, la plus importante sans doute en poids politique, puisqu'elle fut régente. N'imaginez pourtant pas des constructions géantes, les pyramides de reines étaient de dimensions relativement modestes, environ 20 mètres de côté. Disséminées autour de la pyramide du roi, elles en reprennent, en les simplifiant, les agencements en descenderie, couloirs, antichambre, chambre funéraire, etc.

C'est donc à partir de 1977, sous l'impulsion du Pr Jean Leclant, que les égyptologues de la mission archéologique française de Saqqarah commencent le travail de fouilles dans le périmètre de la nécropole de Pépi, vaste d'une dizaine d'hectares. À l'arrivée, cinq pyramides de reines ont été trouvées. Le plus souvent, hélas, dans un état de dévastation presque totale. Mais l'une d'elles réservait une surprise.

D'abord, il ne s'agit que d'un linteau, trouvé au sud de la pyramide de Pépi. Mais quel linteau ! Il est énorme, en granite rose d'Assouan. Les inscriptions, parfaitement lisibles, ne laissent aucune place au doute, il marque l'entrée du complexe funéraire de la reine Ankhésenpépi. « Ce qui est extraordinaire, c'est le gigantisme de cette pièce. Habituellement, les portes des reines sont de dimensions modestes : environ 75 centimètres de large. Là, nous avons un linteau de 17 tonnes, à l'échelle d'un roi. Cette femme a dû jouer un rôle extraordinaire à la fin de l'Ancien Empire » (Audran Labrousse, cité dans le mensuel *Sciences et Avenir*, décembre 1997). Les fouilles continuent, avec le sentiment que la grande découverte est toute proche.

Elle aura lieu trois ans plus tard, au début de l'année 2000. Muni d'une bonne connaissance théorique du plan de la pyramide d'Ankhésenpépi, Audran Labrousse fait procéder au vidage d'un très vaste cratère de sable au fond duquel, estime-t-il, se trouve la chambre funéraire de la reine. Il se trouve que, ce jour-là, j'étais présent en compagnie de François de Closets et d'une équipe de tournage de la série scientifique de France 2 «Les grandes énigmes de la science» dont nous étions coauteurs, de Closets et moi. Une bonne cinquantaine d'hommes se relayaient, depuis le matin, pour déblayer le cratère. Pour un cinéaste, le spectacle était unique, face aux pyramides de la nécropole de Saqqarah, digne d'un beau film d'aventures. Mais cette fois, l'aventure était réelle, c'était celle de la découverte. Ce matin-là, en effet, l'excitation était palpable. Même pour un non-archéologue, cela se sent, c'est une émotion collective qui s'empare de tous, qui se manifeste par des éclats de voix, des rires, une agitation confuse. On vient de trouver *quelque chose*.

Ce n'est qu'un petit bloc gravé de 10 centimètres de côté, mais l'œil exercé de l'égyptologue a vite fait de l'identifier. Il s'agit d'un extrait des *Textes des pyramides*, trouvé dans la chambre funéraire de la reine Ankhésenpépi. La reine aurait-elle bénéficié, elle aussi, des textes sacrés réservés au pharaon ? Comment ces textes sont-ils arrivés dans sa tombe ? La reine fut-elle la première personne, en dehors du pharaon, à prétendre à l'éternité ? Nos questions pressent le malheureux égyptologue, qui hésite entre les réponses que la prudence lui impose et quelques folles hypothèses. Comment la reine a-t-elle hérité de ces textes magiques ? A-t-elle usé de son autorité de régente auprès des prêtres ? Audran Labrousse avance alors son hypothèse : ces textes, la reine se les serait appropriés. Ou peut-être les aurait-elle volés. Tout simplement.

Les fouilles qui suivront, jusqu'en 2002, tiendront les promesses de cette excitante matinée de découverte. La chambre funéraire de la reine sera finalement dégagée avec son sarcophage, très endommagé, des statuettes, des vases et des stèles. Sur les parois on trouvera, gravée et peinte d'une magnifique couleur verte, la série presque complète des textes rituels des pyramides, destinés à lui ouvrir la voie de l'éternité dans le monde des dieux. Les avait-elle dérobés, accaparés autoritairement ? On ne le saura probablement jamais. Le fait est qu'ils étaient là. Et cela ne pouvait rester sans conséquence.

La démocratisation de l'éternité

Certes, le long règne qui suivra, celui du pharaon Pépi II, fils d'Ankhésenpépi, peut faire croire que rien n'a changé. Mais le ver était dans le fruit. Il a débouché, nous l'avons vu, sur une période de profondes mutations et de troubles qui restent, pour beaucoup d'historiens, difficiles à expliquer. Sauf si nous prenons en compte la montée d'une nouvelle classe sociale qui entend, à son tour, participer à l'exercice du pouvoir. Et pas seulement aux privilèges politiques ou économiques que confère le pouvoir, mais aussi aux avantages de l'après-vie. Il n'est pas interdit de penser qu'une de leurs premières revendications fut celle d'avoir le droit, comme la reine avant eux, de bénéficier à leur mort des textes magiques leur garantissant l'éternité. Et après les classes supérieures viendront les classes moyennes et les couches plus modestes de la population.

En réalité, la raison historique n'est jamais simple. La revendication du droit à l'éternité n'est sans doute pas la seule cause de cette longue période de troubles qu'on a appelée la « première période intermédiaire », après la chute de l'Empire. Mais elle a certainement joué un rôle important, peut-être décisif. Les peuples ne vivent pas seulement du pain de la politique ou du pouvoir économique, ils ont aussi des besoins métaphysiques. Il est piquant d'imaginer qu'une des premières révolutions sociales de l'histoire fut celle qui réclamait l'éternité pour tous, la démocratisation de l'éternité.

Une observation milite pour cette hypothèse : dès cette période, et plus encore au Moyen Empire (2060-1785 av. J.-C.), le nombre des momies retrouvées par les égyptologues semble aller en augmentant. L'Égypte se remplit de tombes et de momies, qui font la fortune des embaumeurs. Un détail est révélateur : on retrouve des momies plus ou moins bien soignées, certaines préparées avec le même soin que celle d'un pharaon, d'autres beaucoup plus sommaires. Il existait sans doute des tarifs différents, selon la prestation choisie. Pour préparer ses obsèques, on allait voir l'embaumeur et on lui demandait un devis, comme dans nos modernes entreprises de pompes funèbres. Sauf qu'on négociait là, en fonction de ses moyens, une éternité de plus ou moins bonne qualité !

Aujourd'hui, les techniques modernes d'imagerie, utilisées dans l'étude des momies, ont contribué à démontrer que les couches les plus modestes de la population égyptienne avaient droit, elles aussi, aux bénéfices de la momification. L'expérience a été réalisée en mars 2013 par l'Américain Jonathan Elias, dans son laboratoire de l'Akhmim Mummy Studies Consortium, en Pennsylvanie. L'idée était de scanner la première momie importée aux États-Unis, celle d'un nommé Padihershef. Le CT-scan, utilisé pour l'occasion, a permis d'obtenir une reconstitution faciale de la momie en 3D, digne des meilleurs exploits de la police scientifique. À partir de là, Jonathan Elias a fait réaliser par le sculpteur Frank Bender une sculpture d'un étonnant réalisme.

Et nous voici face à Padihershef, surnommé Padi. Il n'appartient pas à la classe privilégiée. C'est un ouvrier qualifié, un employé de la nécropole thébaine, mort sept siècles avant notre ère. Sa momification ne fut guère sophistiquée, puisque le cerveau n'avait pas été enlevé, comme on le fait habituellement pour les momies de qualité. Il n'empêche, la momie a bien traversé les siècles. Son visage sculpté parle pour lui. C'est un momifié moyen, comme on dirait un Français moyen. Padi, mort sans doute prématurément, n'avait probablement pas de gros revenus. Mais sa famille a pris soin de le faire momifier, sans doute sur sa demande. *Idem* pour une autre sculpture, celle d'une vieille dame, Pesed, qui vivait il y a deux mille trois cents ans et qui porte sur son visage les rides d'une vie de travail.

Momies animales

Le musée des Confluences de Lyon conserve, lui, un autre aspect de cette généralisation de la momification à la fin de l'Ancien Empire. Il s'agit des momies animales. Tout y passe : des bœufs, des babouins, des béliers, des lions, des chats, des chiens, des hyènes, des chèvres, des gazelles, des poissons, des faucons, des chauves-souris, des hiboux, des musaraignes, des scarabées, des ibis, des faucons, des serpents, des lézards et même des crocodiles !

Beaucoup de ces momies animales étaient celles d'animaux domestiques, que leurs propriétaires souhaitaient emmener avec eux dans leur voyage pour l'au-delà. Les Égyptiens ne marquaient pas, comme nous le faisons, une distinction trop nette entre l'homme et l'animal. Ils estimaient que les animaux, comme les humains, avaient une âme (un *Ka* et un *Ba*) et que ce qui valait pour les uns valait aussi pour les autres. On momifiait les animaux de la même manière que les humains, on les installait dans un sarcophage et on les conservait patiemment en attendant le décès de leur maître, qu'ils rejoignaient dans sa tombe.

D'autres momies animales avaient un caractère sacré. On vénérait à travers l'animal le dieu qu'il incarnait dans la mythologie égyptienne. C'est ainsi que des momies de chacals, de gazelles, de faucons, d'ibis étaient achetées par les pèlerins dans les temples et faisaient office d'offrandes, un peu comme les bougies qu'on dépose à l'église. La demande pour ces offrandes sacrées était très importante. Les fouilles ont mis au jour des catacombes bourrées de dizaines de milliers de ces momies votives. Plus triste, beaucoup de ces animaux ont été délibérément tués avant d'être momifiés. Avec la forte demande sont venues les escroqueries. Des chercheurs de l'université de Manchester ont découvert une arnaque de première grandeur. Un tiers des momies animales, selon eux, étaient vides à l'intérieur ! Dans d'autres cas, les scanners ont montré que les pseudo-momies de gazelles ou de crocodiles étaient remplies de morceaux d'animaux de diverses provenances, des bouts de chat ou de chien, voire de simples ossements.

De tels trafics, inévitables, montrent l'ampleur qu'a pu prendre, en Égypte ancienne, la momification animale. Une raison de s'étonner du peu d'intérêt porté au phénomène par les égyptologues. Aujourd'hui, la tendance est en train de s'inverser. Salima Ikram, professeur d'égyptologie à l'université américaine du Caire, est devenue la spécialiste mondiale des momies animales. Elle a fondé l'Animal Mummy Project, qui travaille en liaison étroite avec le musée des Confluences de Lyon. Elle milite activement pour une étude systématique des momies animales. Un champ inédit et très riche, selon elle, s'ouvre aux égyptologues qui voudraient prendre cette route nouvelle afin de mieux comprendre l'environnement, les cultes et les modes de vie des anciens Égyptiens.

3

Momies du Soleil-Levant

La tradition des momies n'est pas une exclusivité de l'Égypte ancienne. D'autres civilisations ont embaumé leurs morts en proposant leurs voies propres pour vaincre la décomposition des corps. La voie chinoise est à distinguer : tout en puisant dans un fonds de croyances comparables à celles des anciens Égyptiens, elle s'est accompagnée d'un étonnant savoir-faire technique ayant permis à quelques momies remarquables, retrouvées aujourd'hui après deux millénaires, de nous arriver dans un état de conservation stupéfiant.

Le tombeau de l'empereur

Nous sommes en l'an 210 avant notre ère. Qin Shi Huangdi, le premier empereur de Chine, sent la mort venir. Tout empereur qu'il est, et comme nous tous, il n'aime pas ça. D'autant que, de son vivant, il a accompli de grandes choses. Il a mis fin à la division de la Chine en royaumes ennemis qui s'entre-déchiraient, il a unifié le pays, son administration, sa monnaie, il a posé les premières pierres de ce qui deviendra la Grande Muraille de Chine. Comment, après cela, accepter de finir en poussière ?

L'empereur Qin a donc pris ses précautions. Une fois mort, il sera inhumé dans un gigantesque mausolée, accompagné de milliers de soldats en terre cuite. Contrairement à ce qu'on imagine, cette célébrissime armée de terre cuite, dont chacun a vu des images, n'est qu'un détail. La vraie question, la seule, pour l'empereur Qin, c'est l'immortalité. Comment y parvenir ? Dans cette Chine d'avant l'arrivée du bouddhisme (il ne pénétrera dans le pays que trois siècles plus tard), on estime qu'il est impératif de préserver du pourrissement le corps du défunt. Comme dans beaucoup d'autres cultures antiques, on distingue l'esprit du corps, comme ailleurs on imagine que l'esprit survit au corps. Mais les Chinois mettent un bémol. Ils estiment qu'un esprit, c'est bien léger et bien fragile. Privée de son support corporel, l'âme finit nécessairement, avec le temps, par s'affaiblir, s'étioler et disparaître. En quoi les Chinois du IIIe siècle avant notre ère retrouvaient, sans le savoir, l'équation chère aux anciens Égyptiens : immortalité = esprit + corps à peu près intact.

La tombe de Qin se trouve à un peu plus d'un kilomètre de son armée de terre cuite. Elle est enfouie sous une pyramide de terre d'une centaine de mètres de haut et de 350 mètres de côté. On présume que le corps, enveloppé dans de la soie, est installé – encore une fois, à la manière égyptienne – dans plusieurs cercueils emboîtés. L'idée était sans doute d'isoler le plus possible l'empereur de l'air corrupteur. C'était ignorer, évidemment, l'action des micro-organismes sur les cadavres, mais on ne peut sauter par-dessus son temps. Bien entendu, il fallait aussi protéger le défunt. Si l'armée de terre cuite économisait symboliquement le sacrifice de soldats en chair et en os, on n'épargna pas les ouvriers qui avaient construit le mausolée et qui emportèrent donc son secret dans la même tombe.

Ce secret, à supposer qu'il existe, nous l'ignorons toujours. À l'heure actuelle, en effet, les autorités chinoises hésitent à faire fouiller la tombe de Qin Shi Huangdi, par crainte de la détériorer. Les archéologues présument qu'elle contient une momie de l'empereur, mais dans quel état ? On l'ignore. Le principe de précaution vaut aussi pour les pièges qu'on présume exister dans le caveau à l'intention des pillards et qui pourraient blesser les chercheurs imprudents ou malchanceux. Mais, si on ignore tout de la momie de

Qin, on en sait plus sur celles des rois ou des princes qui lui ont succédé.

Costumes de jade

Certains, notamment, étaient revêtus d'un étrange costume funéraire, constitué de milliers de plaquettes de jade cousues avec des fils d'or. Pendant longtemps, les archéologues ont pensé que ces «linceuls de jade», évoqués dans plusieurs écrits, appartenaient à la légende. Mais, en 1968, deux de ces costumes recouvraient les corps de Liu Sheng, un prince de la dynastie Han, et de son épouse Dou Wan.

Pour s'offrir de tels linceuls, il fallait évidemment posséder de gros moyens. Chaque habit funéraire était composé de plus de deux mille plaquettes de jade, patiemment assemblées. Pourquoi le jade ? Parce que les Chinois croyaient qu'il permettait de lutter efficacement contre la décomposition. Encore ce souci de conserver le corps intact.

Le jade était supposé empêcher une partie du fluide vital du défunt de s'échapper de son corps. «Ces parures de jade servaient, selon la croyance, à conserver dans la tombe les âmes *po*, corporelles et les plus lourdes, en préservant le corps au moins pour un temps, tandis que les âmes *hun*, spirituelles, entamaient leur voyage vers les cieux» (extrait d'un article de Laure Buna, diplômée de l'École du Louvre, sur les linceuls de jade). Une sorte de « confinement » de jade, comparable au confinement magnétique qui empêche le plasma de s'échapper des réacteurs à fusion modernes. L'idée est ingénieuse, mais elle ne repose hélas sur rien. Quand les chercheurs ont examiné les vestiges à l'intérieur des costumes de jade, ils ont constaté qu'ils se résumaient à quelques pauvres ossements.

Nous savons aujourd'hui que le jade était une fausse piste. Mais pendant que des ouvrières cousaient en vain, dans des ateliers, des milliers de plaquettes de jade, quelques embaumeurs, dans la province du Hunan, avaient peut-être mis la main sur une solution originale et très efficace. Elle a permis d'embaumer quelques notables de l'époque, comme une marquise ou un magistrat, en maintenant leurs corps dans un tel état de fraîcheur, comparé à celui des momies desséchées des Égyptiens, que les archéologues les ont surnommés des « corps frais ».

Des momies fraîches

Tout commence en 1974, en pleine Révolution culturelle. Tandis que les gardes rouges défilent dans le pays en brandissant leur petit livre rouge, des ouvriers qui travaillaient sur un chantier de construction à

Mawangdui, une banlieue de la ville de Changsha, dans le Hunan, alertent les autorités. Ils ont trouvé par hasard une très vieille tombe, qui se révèle dater de la période Han, deux siècles avant notre ère. Les archéologues qui dégagent les dépouilles sont surpris par ces momies, exceptionnellement bien conservées. La plus étonnante est celle d'une femme. Sa chair, ses membres présentent une élasticité parfaite. Ses cheveux, ses cils et sa dentition sont intacts. L'autopsie montre que la momie a conservé ses organes internes, cœur, poumons, estomac, foie, cerveau, comme si la mort ne datait que de quelques jours. On trouve même du sang encore rouge dans ses veines !

Très vite, on apprend son identité. Il s'agit de Xin Zhui, marquise de Daï, une aristocrate richissime, morte brutalement en l'an - 160, il y a presque vingt-deux siècles. Comment est-elle morte ? D'une manière très banale. La dame ne cachait ni son embonpoint, ni sa belle gourmandise. Un détail révélateur : elle avait emporté dans sa tombe un nombre invraisemblable d'ustensiles de cuisine, ainsi qu'un magnifique service en laque. Il y avait aussi quantité de victuailles et de plats sophistiqués, qu'elle chérissait particulièrement. On imagine volontiers la marquise assise dans un luxueux salon, dégustant des sucreries et profitant de la vie luxueuse que lui offraient ses richesses. L'époque s'y prêtait. Après l'épisode impérial de Qin Shi Huangdi, la Chine a connu un âge d'or avec la dynastie Han, qui a duré quatre siècles. Han Gaozu, le fondateur de la dynastie, réduisit le pouvoir des princes en distribuant de vastes richesses aux membres du clan impérial. Le marquis de Daï et son épouse en ont profité au-delà de toute mesure.

Mais trop, c'est trop. Le manque d'exercice, conjugué à son goût pour les trop bonnes choses, a fini par valoir à la marquise de sérieux problèmes cardiovasculaires qui se sont traduits, un jour de l'an - 160 avant notre ère, par une cholécystite aiguë débouchant sur un infarctus foudroyant. *Exit*, donc, la marquise. Comme ses riches contemporains, elle avait sans doute prévu depuis longtemps le détail de ses funérailles. Plus que d'autres, cette épicurienne militante a certainement été attentive à la conservation de son corps après sa mort. Aucune raison que le banquet perpétuel de sa vie ne se poursuive pas dans l'au-delà. Elle a donc fait appel à un embaumeur qui lui vaut, plus de deux mille cent soixante-seize ans après sa mort, de faire encore l'admiration des foules. Chacun désormais peut la voir, confortablement installée dans son lit, les épaules nues, les draps tirés pudiquement sur sa poitrine, le visage certes un peu abîmé, mais resté humain, dans la pièce stérilisée où elle repose dorénavant.

Au début, on a pensé que l'étonnante conservation de la marquise s'était faite spontanément, on ne sait trop comment. Rien, en tout cas, qui fasse penser aux procédés classiques d'embaumement qui reposaient, comme en Égypte, sur une dessiccation des corps. Le cadavre de la marquise était au contraire un cadavre «humide», mou, élastique, pas un vieux corps parcheminé à la Ramsès. On pensa donc que sa conservation était le produit d'un contexte géologico-chimique mal élucidé. Mais, deux ans plus tard, les archéologues chinois découvrent une nouvelle momie très bien conservée à Jingzhou, à trois cents kilomètres du lieu où a été trouvée la marquise. Cette fois il s'agit d'un magistrat, mort en 165 avant notre ère. Les dates coïncident, la marquise et le magistrat sont décédés à peu près à la même époque. Rien n'interdit donc de penser que les deux notables ont été «traités» de manière identique par le même embaumeur, qui aurait permis à leurs corps de se conserver de manière aussi remarquable. Mais quel était son secret ? Mystère.

La marquise au mercure

Un point commun, tout de même. Les cadavres de la marquise et du magistrat flottaient dans un étrange liquide rougeâtre. La clé du mystère ? Peut-être. On analysa donc les traces restantes du liquide. On constata une très forte concentration en mercure, qui ne pouvait être due au hasard. La clé du mystère ? L'embaumeur inconnu et génial qui a traité les deux momies les aurait-il trempées dans le mercure ? Avec quel effet ?

Le mercure compte aujourd'hui parmi les polluants les plus toxiques de la planète. Ingéré, ce métal peut causer de nombreux troubles nerveux ou musculaires dans l'organisme. Sous forme de sels, le mercure était utilisé jadis comme un remède par les médecins, pour purger leurs patients. Avec le temps, on a fini par comprendre qu'il provoquait de telles lésions dans la gorge, les intestins ou les reins que le remède était pire que le mal.

Mais, bien entendu, le mercure n'est dommageable que pour les vivants. Les morts, eux, n'en ont cure. Mieux, les sels de mercure pourraient avoir sur un cadavre frais un pouvoir stérilisant, à même de ralentir très sensiblement sa décomposition. On a donc soupçonné que le fameux liquide rouge des cercueils de la marquise de Daï et du magistrat de Jingzhou était un savant composé de sels de mercure et d'antimoine, expressément pensé par l'embaumeur pour stériliser efficacement les corps de ses clients fortunés.

D'autres chercheurs, peu convaincus par cette hypothèse, estiment que ce sont plutôt les conditions de conservation des corps dans leurs tombes qui ont joué un rôle déterminant. Il faut dire qu'elles n'étaient pas banales. Recouvertes de vingt mètres de terre pilée, elles étaient enfouies sous une épaisse couche de charbon et d'argile blanche qui a maintenu à l'intérieur des tombes une température et un degré d'humidité constants. Ces conditions exceptionnelles pourraient expliquer la conservation étonnante des momies, après deux millénaires. Mais d'autres momies, inhumées dans des conditions identiques, se sont, elles, désagrégées. Bref, on n'a toujours aucune certitude.

Aujourd'hui, quelques-unes de ces momies «fraîches» trouvées dans les années 1970 sont conservées au musée d'Histoire de Jingzhou. La marquise de Daï, considérée par les Chinois comme une des découvertes archéologiques les plus importantes du siècle dernier, est conservée, elle, au musée provincial du Hunan, à Changsha.

Momifiés vivants !

Le Japon a lui aussi ses momies. Le procédé est encore différent, car le futur défunt se momifiait vivant. Il faut dire que le climat du Japon induisait la recherche d'une voie originale pour la pratique de la momification. En Égypte ou en Asie centrale, la sécheresse du désert a favorisé l'apparition de momies naturelles qui, très vite, ont donné aux hommes l'idée de s'inspirer de la nature pour confectionner leurs momies. Rien de cela ne pouvait être possible dans un pays humide comme le Japon. Il a donc fallu trouver autre chose. Qu'on ne se méprenne pas, la pratique de l'automomification, qui remonte au XIᵉ siècle, reste très marginale. Elle est d'ailleurs interdite au Japon depuis la fin du XIXᵉ siècle, car elle est considérée comme une forme de suicide. Mais sa très forte charge émotionnelle fascine le public.

Deux temples, au centre du Japon, rassemblent la plupart des moines qui ont choisi cette manière étrange de terminer leur vie. Ce sont les temples de Dainichibo et de Churenji, dans la préfecture de Yamagata. Il y en a quatre autres, moins importants, toujours dans la préfecture de Yamagata. Quant aux adeptes de l'auto-momification, ce sont les moines sokushinbutsu. Ce terme, *sokushinbutsu*, signifie littéralement « devenir Bouddha de suite avec ce corps ».

Comme pour beaucoup de rituels, on trouve à l'origine un mythe fondateur. Il met en scène un célèbre saint du IXᵉ siècle avant notre ère, Kôbô-Daishi, le fondateur de l'école Shingon. Son enseignement se résumait à trouver le moyen, par la méditation, de « devenir Bouddha, dans cette vie, avec ce corps, ce qui signifie vivre dans la vérité ». À cinquante-huit ans, il tomba malade et se retira, dit-on, dans un temple du mont Kôya pour prier. Quelques années après, quand ses disciples viennent le chercher, ils découvrent que Kôbô-Daishi est mort, mais que son corps est resté intact. Aucune trace de corruption. Par la méditation, Kôbô-Daishi s'était volontairement changé en momie. Il avait alors soixante-deux ans.

Comme en Égypte, la pratique de la momification volontaire au Japon est liée à des croyances religieuses, en l'occurrence à certains aspects de la religion bouddhique. C'est ainsi que les disciples de Kôbô-Daishi ont cherché, comme leur maître, à gagner par l'auto-momification un état d'illumination, de bonheur et de paix totale. Ils le résument par une expression simple : *Nyûjô*, « entrer dans l'immobilité ». Les moines qui réussissent l'épreuve sont considérés comme des bouddhas vivants. Comme lui, ils se sont assis par terre, sans bouger, retenant leur souffle et ralentissant leurs battements de cœur. Comme lui, ils se sont détachés du monde sensible, celui qui nous est accessible par nos cinq sens. Ce monde du toucher, du goût, des plaisirs ou de la douleur n'est pour eux qu'une illusion procurée par le corps. L'expérience de l'auto-momification consiste au contraire à oublier ce corps, à devenir, de son vivant, un pur esprit. Au bout, évidemment, il y a la mort. Mais les croyants n'imaginent pas que le moine auto-momifié est mort. Encore une fois, il est « entré dans l'immobilité ».

Précis d'auto-momification

Le rituel de l'auto-momification se résume à un régime diététique, mais un régime comme il n'en existe aucun autre au monde. Il comprend quatre étapes :

D'abord, pendant mille jours, le moine change radicalement de régime alimentaire. Il se prive volontairement de céréales : riz, blé, millet, soja, les aliments qui font l'ordinaire des Japonais. À la place, le moine ne mange que des noix et des graines. À côté de cela, il s'adonne à une forte activité physique. Gymnastique, longues marches, course, nage, etc. Le but de cette première étape de trois ans est de débarrasser le corps du moine de toutes ses graisses.

La deuxième étape dure, elle aussi, mille jours. Le moine candidat à l'auto-momification ne se nourrit plus que de racines et d'aiguilles de pin. Il se vide peu à peu de son eau, qui pourrait provoquer un pourrissement du corps.

À ce stade, l'organisme de la future momie est dans un tel état de faiblesse qu'il est quasiment devenu un mort vivant. C'est le moment où il faut le protéger des micro-organismes qui rongent, habituellement, les cadavres dès que la mort est là. Pour les détruire, le moine ingère un breuvage composé d'une sève très toxique, utilisée normalement dans la fabrication de la laque des bols japonais.

La quatrième étape consiste à enfermer le moine dans une fosse où il peut à peine bouger. Pour respirer, on lui donne un morceau de bambou. Le moine porte sur lui une petite clochette qu'il fait tinter chaque jour pour prévenir les autres moines qu'il est encore vivant. Le jour où la clochette cesse de tinter, ses condisciples comprennent que la vie l'a définitivement quitté.

Les disciples installent alors le moine dans la position du lotus, en joignant ses mains, comme le Bouddha. Puis ils le disposent dans un cercueil, parfois dans une grande jarre. L'ensemble est enfoui dans une fosse, pendant trois ans. Au bout de ce temps, on ressort le corps et on le sèche en le fumant ou en l'exposant à la chaleur de grands cierges. Quand le moine est totalement sec, on l'habille de vêtements neufs et on l'assoit sur une chaise.

La momie aux lunettes noires

Ce n'est pas rien, on le voit, de devenir une *self-made mummy* ! Beaucoup ont essayé, bien peu y sont parvenus. Deux douzaines de moines, depuis Kôbô-Daishi, semblent être allés au bout du rituel. Ils sont vénérés comme des saints. Aujourd'hui, la tradition se poursuit. Bien que la pratique de l'auto-momification soit interdite au Japon, on la retrouve en Thaïlande. Le dernier Sokushinbutsu, mort en 1973, s'appelait Luang Pho Daeng. Ce n'était pas un moine, mais un businessman. Après avoir réussi dans les affaires, Luang décida, à son tour, de se faire momifier vivant.

Il y parvint à l'âge de soixante-dix-neuf ans. Son corps momifié est exposé dans une cage de verre dans le temple de Wat Khuranam, sur l'île de Ko Samui, en Thaïlande. Luang Pho Daeng est habillé en moine, installé dans la position traditionnelle du lotus. Un détail étonnant : on lui a mis sur le nez des lunettes de soleil. Ce n'est ni un gag, ni une allusion à son ex-statut de businessman. Simplement, ses yeux se sont décomposés lors du processus d'auto-momification, à tel point qu'il en devenait effrayant. Pour éviter de terroriser les visiteurs, notamment les enfants, les responsables du musée ont opté pour les lunettes noires.

En 2002, une étude scientifique de la momie de Luang Pho Daeng fut entreprise par un institut de recherche bioanthropologique. Les examens aux rayons X ont montré que tous les organes vitaux de Luang avaient été préservés, mais qu'ils avaient sensiblement diminué de volume à cause de l'auto-momification. Nichés dans ses orbites, dans sa bouche et dans sa gorge, on trouva des œufs de gecko, un petit lézard local. La vie, à sa manière, avait élu domicile sur la momie volontaire.

Il reste un mystère, mal élucidé : pourquoi ces momies ne se dégradent-elles pas ? Tous les témoignages concordent depuis le IXe siècle : les moines auto-momifiés sont parfaitement intacts. Les anciens Égyptiens, eux, prenaient soin d'extraire les organes putrescibles de leurs momies, tels les viscères, l'estomac, les poumons, etc. Mais les momies sokushin-butsu ont conservé tous leurs organes. Aucune trace de décomposition. La très sévère diète à laquelle les moines se sont soumis au cours de leurs derniers mois d'existence a certainement joué un rôle. Lequel ? Pour l'instant, on l'ignore.

Dans le Japon traditionnel, les moines auto-momifiés sont des exemples. On les admire pour avoir réussi, par la seule puissance de leur volonté, à surmonter mille souffrances. Certains visiteurs, qui s'inclinent devant ces saints, leur demandent de les aider à exaucer un vœu ou à guérir d'une maladie. D'autres, tout simplement, viennent chercher des leçons de courage, pour surmonter les difficultés de la vie.

4

Quand la nature fait ses momies

En Égypte, tout est parti de l'observation de la nature. La chaleur sèche du désert a donné aux hommes l'idée de momifier leurs semblables. Mais la nature a bien d'autres moyens pour conserver les corps. Le froid, la composition chimique des sols, les cendres volcaniques peuvent très efficacement garder une trace des corps organiques. Personne n'a *voulu* ces momifications, mais quand surgit, au hasard d'une marche en montagne dans les Alpes italiennes, le corps parfaitement conservé d'un chasseur vieux de cinq mille ans, quand le cadavre d'une religieuse semble avoir été épargné par la corruption deux siècles après son inhumation, quand les victimes d'un massacre dans une église au XVIIᵉ siècle sont restées intactes pour crier, aujourd'hui encore, leur angoisse et leur souffrance, l'émotion est entière. Comme si la nature se plaisait, par un de ses tours de passe-passe, à nous livrer des instantanés de notre lointain passé.

Momies volcaniques

Ce sont des momies, oui, car ils sont parvenus jusqu'à nous après deux mille ans dans un état de conservation bouleversant, piégés dans les décombres de leurs rues ou les caves de leurs maisons. Pourtant, à la différence des momies égyptiennes, rien ne subsiste des corps asphyxiés des habitants de Pompéi, aucun vestige organique. Un concours de circonstances unique a permis de conserver leurs enveloppes virtuelles, au moment précis où la mort les a surpris.

Rappelons les faits. Le 24 août 79, vers 10 heures, le Vésuve entre en éruption. Trois heures après, quand le bouchon du volcan saute, une nuée de pierres ponces et de cendres brûlantes s'abat sur les cités romaines d'Herculanum et de Pompéi, atteignant une épaisseur de deux mètres quatre-vingts. De nombreux habitants, qui n'ont pas réussi à fuir, croient trouver un refuge en restant dans leurs maisons ou en s'abritant dans des édifices publics. Hélas pour eux, ils sont asphyxiés par les émanations toxiques du volcan et vite enterrés sous la couverture de pierres ponces et de cendres volcaniques.

L'éruption se termine le lendemain, par des coulées de lave destructrices. Au total, elle aura fait des centaines de victimes. La célébrité de la catastrophe de Pompéi tient à plusieurs facteurs. D'abord, nous en possédons une description saisissante, quasi journalistique, grâce à la correspondance de Pline le Jeune. À tel point que son nom désigne aujourd'hui, en volcanologie, ce type d'éruption : on parle en effet d'«éruption plinienne». Mais surtout, dès la fin du XVIᵉ siècle, à la faveur du creusement d'un canal, Pompéi resurgit de ses cendres. Les fouilles, qui ne vont plus cesser au cours des siècles suivants, permettent peu à peu de dégager une ville romaine prospère du Iᵉʳ siècle de notre ère, comme figée en un «arrêt sur image» par l'éruption de 79. On retrouve un forum de belle taille, un temple dédié à Jupiter, des villas luxueuses décorées de fresques, des boutiques, un tribunal, des thermes, deux théâtres, assez pour passionner durablement historiens et archéologues.

Quand les fouilles progressent au XVIIIᵉ siècle, les archéologues avaient déterré quelques squelettes témoignant du martyre subi par les infortunés habitants d'Herculanum et de Pompéi. Certains de ces vestiges ont fasciné le public, livrant un éventail de quelques caractères confrontés à la catastrophe : il y a ceux qui fuient, ceux qui tentent de protéger leurs enfants ou leurs biens. Il y a aussi ce squelette de riche Pompéienne, reconnaissable à ses bijoux, trouvé dans une école de gladiateurs où, dit-on (mais ce ne sont que des conjectures), elle venait retrouver son amant.

En 1863, une astuce remarquable redonne une seconde vie aux habitants de Pompéi. Le responsable des fouilles, Giuseppe Fiorelli, avait observé qu'avec le temps, les corps de nombreuses victimes avaient creusé des cavités à l'intérieur des cendres et des pierres ponces compactées. Ces cavités épousaient très précisément les formes des corps ensevelis, comme l'aurait fait un moule. Giuseppe Fiorelli propose alors de faire couler du plâtre liquide à l'intérieur de ces vides. Le résultat dépasse ses espérances. Il obtient des reproductions si réalistes des corps des victimes qu'elles livrent jusqu'aux expressions de leurs visages. La méthode permet aussi de visualiser leurs vêtements et leurs chaussures.

Plus d'un millier de ces « momies » de plâtre ont été reconstituées. Certaines offrent des portraits saisissants. Un homme qui se protège le visage avec ses mains, une mère et sa fille, moulées par Fiorelli, mortes l'une à côté de l'autre. La mère a péri rapidement et sans souffrances, asphyxiée par les émanations toxiques du volcan. Les mains crispées de la jeune fille montrent que, pour elle, la mort fut sans doute lente et pénible. Non loin de là, une autre femme tentait visiblement de fuir en emportant des pièces de monnaie et des bijoux en or. La largeur de son bassin a fait supposer qu'elle était enceinte. La peur et l'angoisse se lisent encore sur son visage.

Depuis un siècle, les archéologues essaient de perfectionner les moulages de Fiorelli. L'utilisation du scanner, notamment, s'est révélée très prometteuse. Elle a permis de fournir nombre d'informations précieuses sur la vie quotidienne des Romains du Iᵉʳ siècle : leur âge, les maladies dont ils souffraient, l'état de leur dentition (plutôt bonne, grâce à leur alimentation riche en fruits et légumes et au fluor de l'eau qu'ils buvaient), leur manière de s'habiller, etc. Tout comme l'étude au scanner des momies égyptiennes nous avait apporté, en son temps, des enseignements impossibles à obtenir autrement. Momies organiques ou momies de plâtre, les momies sont toujours une bonne affaire pour les historiens de l'Antiquité.

Momies des marais

Les momies naturelles que les Anglais ont surnommées *bog bodies* (littéralement, les « corps des tourbières ») sont des vestiges humains le plus souvent complets, trouvés dans les marais de Scandinavie, d'Angleterre ou d'Écosse. Leur particularité est d'avoir été parfaitement conservées, squelette, peau, chairs comprises, jusqu'aux poils de barbe ! Le plus connu de ces *bog bodies* est sans conteste l'homme de Tollund, un cadavre vieux de vingt-quatre siècles, découvert dans un marais du Danemark en 1950. Il doit sa célébrité à ses traits intacts, comme si sa mort était toute récente. Sa fin, violente, fut sans doute consécutive à une exécution, puisque l'homme a été tué par strangulation et que la corde qui l'a tué lui enserre encore le cou. La tourbe, consécutive à la fossilisation de matières organiques mortes (principalement des végétaux) par des bactéries ou des champignons, a cette particularité d'être un milieu fortement alcalin, c'est-à-dire basique. Sa combinaison avec les graisses des organismes biologiques produit un effet de *saponification* des corps. En d'autres termes, les tourbières transforment les cadavres en savon ! On peut en être surpris, mais qu'on pense seulement à la manière dont est fait le savon : c'est le produit d'une réaction chimique entre une matière grasse (de l'huile végétale ou animale) et une base comme la soude ou la potasse. Si un corps humain est exposé pendant une longue période de temps dans un milieu alcalin humide, la graisse finit par se changer en adipocire, une substance savonneuse blanchâtre qu'on appelle aussi « gras de cadavre ». Le corps prend alors l'apparence d'une statue de cire, sa texture ressemble à celle d'une savonnette mouillée. Aucune décomposition, ce qui est excellent pour sa conservation. À preuve la célèbre « Soap Lady », la femme-savon exposée au Mütter Museum de Philadelphie, un musée de la médecine qui présente aux amateurs quelques horreurs anatomiques. La Soap Lady est morte de la fièvre jaune en 1792. Sa transformation en savon (on ignore comment) a permis de la conserver dans un état proche de ses derniers instants. *Idem* pour un « homme-savon » conservé, lui, au Smithsonian Institute à Washington, DC.

Aujourd'hui, plus d'un millier de corps ont été repêchés dans les tourbières de Grande-Bretagne, d'Irlande, d'Allemagne du Nord, des Pays-Bas, du Danemark ou de Suède. Le plus récent date du XVIe siècle (une femme qui s'est suicidée en se noyant dans les marais), les plus anciens sont des Celtes du IVe siècle. Beaucoup semblent avoir été tués de mort violente. Tacite rappelle dans ses écrits que les Germains, qui n'étaient pas des anges, enfouissaient vivants dans les marécages les guerriers qui avaient eu le mauvais goût de fuir devant l'ennemi.

L'homme de Tollund, lui, a été pendu ou étranglé. En dehors de ses mains, un peu détériorées, le reste de son corps est en parfait état, y compris les rides de son front. Tous ses organes internes ont été conservés, cerveau, cœur, poumons, foie. À tel point que les policiers accourus sur les lieux de la découverte, en 1950, ont pensé qu'ils avaient un meurtre récent sur les bras. Ils auraient d'ailleurs pu prendre ses empreintes digitales, ce que les archéologues ont fait quelques mois après. C'est la plus vieille empreinte digitale de l'histoire de l'humanité. Pour le reste, l'homme de Tollund est nu, à l'exception d'une ceinture de cuir nouée à la taille et d'un bonnet grossier, fait de pièces de cuir cousues. Il avait la quarantaine au moment de sa mort. Pour beaucoup de chercheurs, il pourrait avoir été exécuté à l'occasion d'un sacrifice offert au dieu de la fertilité. En effet, son expression est étrangement sereine. Non qu'il soit mort en souriant, mais ses exécuteurs d'il y a deux mille ans ont pris soin d'effacer les traces de ses souffrances au moment de sa mort. Une manière de le rendre plus présentable aux yeux des dieux.

Non loin de l'endroit où a été découvert l'homme de Tollund, l'homme dit de Grauballe a été retrouvé couché sur le ventre. Lui aussi était nu. Il est clair qu'il a été égorgé avec la précision d'un professionnel, qu'il fût prêtre ou bourreau. Son apparence délicate fait penser à un membre de la classe dirigeante, pas à un paysan. Sacrifice ? Exécution ? Comme pour l'homme de Tollund, la réponse n'est guère aisée. Une hypothèse : on a retrouvé dans son estomac des traces d'intoxication à l'ergot de seigle, duquel est dérivé le LSD. Peut-être l'homme de Grauballe, qui en avait ingéré, était-il considéré comme possédé par le démon, ce qui lui a valu son exécution.

En vertu de ses qualités de conservation, la tourbe a aussi été utilisée comme un procédé d'embaumement. C'est le cas des momies de Cladh Hallan, dans les Hébrides extérieures, un archipel de la côte ouest de l'Écosse. Entre 1988 et 2002, les fouilles ont dégagé quatre squelettes vieux de deux mille ans. En les analysant, les chercheurs ont découvert que, juste après leur mort, les corps avaient été plongés dans une tourbière afin de les conserver. Sans doute s'agissait-il de personnalités importantes auxquelles on voulait éviter l'infamie de la décomposition. Ce statut élevé dans la société expliquerait que, deux ou trois ans après leur mort, peut-être à cause d'une jacquerie, les corps aient été extraits de la tourbière pour être enterrés comme tout le monde.

Momies à l'arsenic

Contrairement à ce qu'on imagine, Marseille n'est pas la capitale mondiale des boules de pétanque. La titulaire du titre est bizarrement une petite commune du département de la Loire : Saint-Bonnet-le-Château. Deux usines y fabriquent quatre-vingts pour cent des boules qui se vendent dans le monde. La commune abrite aussi un musée de la boule de pétanque. Autre détail essentiel : les habitants de Saint-Bonnet, qui s'appelaient autrefois les Cacamerlots, s'appellent désormais les Sambonitains.

L'histoire et ses tragédies, comme ailleurs, sont passées par Saint-Bonnet. En 1562, le baron des Adrets, un chef protestant, s'empare de la ville. Il saccage l'église, pille, incendie nombre de maisons et massacre une partie de la population. Puis, à l'époque de la Révolution, des caveaux sont violés et pillés, là encore comme ailleurs.

Nous arrivons en 1837. Cette année-là, des travaux de rénovation dans la chapelle permettent de découvrir une quarantaine de cadavres dans une crypte. Certains sont décharnés, mais vingt-deux d'entre eux sont de véritables momies, extrêmement bien conservées. Des momies naturelles, gardées intactes en raison de la présence d'arsenic et d'alun dans le sol.

L'arsenic a cette propriété de freiner le processus de putréfaction, qui démarre dès l'instant du décès. Il a été utilisé au XIXe siècle par les thanatopracteurs avant d'être supplanté, à cause de sa toxicité, par d'autres produits comme le formaldéhyde. En aseptisant le corps (quatre-vingt-dix pour cent des germes étaient détruits), l'arsenic permettait aux proches du défunt de ne pas être choqués par la décomposition de leur cher disparu, le temps d'en finir avec les funérailles. À plus forte dose, comme dans le caveau de Saint-Bonnet, il peut être une cause d'embaumement spontané. L'arsenic existe en effet à l'état naturel dans certains sols et n'est pas biodégradable.

Des momies, donc. Mais ce qui fait la particularité de celles trouvées à Saint-Bonnet, ce sont leurs postures et leurs expressions. Nous sommes devant l'instantané d'un massacre, comme une photo de *Paris Match*. Ces malheureux, hommes, femmes, vieillards, ont été percés de piques ou de coups de baïonnette ou encore tués à l'épée. Les expressions sont effrayantes. Ici, un visage figé en train de hurler ; là, une femme enceinte éventrée ; partout, des hommes et des femmes en proie à la plus extrême terreur.

Que s'est-il passé dans cette cave ? Qui sont ces gens ? Qui les a tués ? En fait, on ne sait pas trop. Dans un premier temps, on a pensé à un massacre consécutif aux guerres de religion. Le baron des Adrets, un chef protestant connu dans la région pour ses méthodes expéditives, aurait ordonné en 1562 le massacre d'un groupe de notables catholiques réfugiés dans l'église. Les cadavres auraient ensuite été abandonnés dans le caveau. Mais l'examen des momies au carbone 14 a montré que leur mort est postérieure au milieu du XVIIᵉ siècle, ce qui élimine *ipso facto* l'hypothèse du baron des Adrets. D'autres hypothèses évoquent un caveau collectif où auraient été inhumées des personnes mortes ailleurs, peut-être de mort naturelle, peut-être de la peste noire qui a sévi dans la région. Dans ce cas, les visages qu'on avait crus déformés par la terreur seraient tout simplement le résultat du relâchement des muscles de la mâchoire après la mort. Possible, mais comment expliquer dans ce cas les terribles blessures que portent les cadavres ? Ces infortunés ont clairement été tués et même massacrés avec violence. On doit donc attendre d'autres indices pour proposer une meilleure explication.

En attendant, il a fallu prendre soin des momies. Pendant longtemps, elles ont été livrées directement à la curiosité des visiteurs (environ vingt mille par an), simplement accrochées aux parois du caveau. Le milieu protecteur du caveau est indispensable à leur conservation. En 1920, un gardien y avait déposé un rat et un oiseau morts. Ils sont toujours là, très bien conservés. À l'inverse, une momie a été extraite du caveau, elle s'est très vite décomposée. Le problème, c'est que la respiration des visiteurs est un élément perturbateur de l'écosystème du caveau. Quand les responsables de la mairie ont découvert que leurs momies municipales commençaient à se détériorer, ils ont pris la décision de les isoler du monde extérieur, afin de les protéger. Aujourd'hui, on ne peut les voir qu'à travers une trappe vitrée. Ce n'est pas plus mal. La crudité de leur exposition aux regards de tous avait quelque chose d'indécent. Un peu de pudeur est le moindre des respects qu'on doit à ces infortunés.

Momies miraculeuses

Incorruptible. Moralement, c'est le moins qu'on attend d'un saint ou d'une sainte. Mais physiquement ? C'est rare, mais cela arrive. Prenez le cas de

Thérèse d'Avila. Elle meurt en 1582, à soixante-sept ans, sans doute d'un cancer de l'utérus. Dès lors se produit un événement étonnant : il émane d'elle une odeur de fruit et de fleur, la fameuse « odeur de sainteté » : « Le lis, le jasmin, la violette, semblaient avoir uni leurs plus suaves senteurs dans cet arôme auquel rien ne pourrait être comparé. » Le corps de Thérèse, déposé dans un cercueil de bois, est inhumé dans une fosse de la chapelle de la ville d'Alba de Tormes. Mais neuf mois plus tard, à l'occasion d'une exhumation, on découvre autre chose. Si les vêtements de Thérèse se sont désagrégés, son corps est resté intact. Aucune trace de décomposition des chairs et toujours cette odeur suave. Une seconde exhumation a lieu trois ans après, afin de transférer Thérèse au couvent Saint-Joseph d'Avila. *Idem.* L'odeur de sainteté et un corps épargné par la corruption. « La chair était si souple, si tendre, si flexible, qu'elle s'abaissait quand on y mettait le doigt, puis se relevait comme si la sainte Mère eût été en vie ; et, bien qu'elle eût conservé son embonpoint, le poids du corps était léger comme celui d'un enfant de deux ans. »

Les croyants ont crié au miracle, et comment le leur reprocher ? Si on veut garder les pieds sur terre, on peut voir dans la conservation du corps de Thérèse d'Avila un cas de momification spontanée. Ce n'est pas le seul dans la longue histoire des saints. Une Américaine, Joan Cruz, a recensé cent deux cas authentifiés par l'Église, mais elle estime probable qu'il y en a beaucoup plus. Des saints et des moins saints, car le phénomène ne semble pas se limiter aux hommes et aux femmes de foi. Au XIXe siècle, le père Thurston avait déjà relevé les traits communs à ces cas d'incorruptibilité : la présence d'un parfum suave émanant du corps, l'absence de rigidité cadavérique, la persistance d'une certaine tiédeur du cadavre, l'absence de putréfaction.

Un autre cas célèbre est celui de sainte Roseline, qui repose dans une chapelle des Arcs-sur-Argens, dans le Var. Roseline de Villeneuve, décédée à soixante-six ans en 1329, était une moniale chartreuse. Quelques miracles modestes ont marqué sa vie, notamment « le miracle des roses ». En deux mots : dans son jeune âge, elle subtilisait de la nourriture à la table familiale pour la donner aux pauvres. Prise sur le fait par son paternel, elle ouvre son tablier et – miracle – la nourriture volée s'est changée en roses.

Mais le prodige qui a fait de Roseline une sainte est la conservation tout à fait inhabituelle de son corps après sa mort. Comme celui de Thérèse d'Avila, il a été préservé de la décomposition. Il suffit pour s'en convaincre de la regarder. Car Roseline est exposée aujourd'hui aux yeux des fidèles (qui célèbrent sa fête tous les 17 janvier) dans un cercueil de verre. Allongée sur le dos, habillée dans sa tenue de chartreuse. Certes, son visage, ses mains et ses pieds sont noircis et desséchés, mais le corps a gardé une apparence humaine, après tout de même la bagatelle de sept siècles ! L'anthropologue Gilles Grévin, que nous avons rencontré, a fait partie de l'équipe qui a étudié en 1995 le cadavre de Roseline avec des moyens d'investigation modernes. Cette année-là, en effet, des taches suspectes sont apparues sur le corps de la sainte. Pour remédier à cette petite dégradation, il a fallu la sortir de son cercueil, la déshabiller (des chartreuses s'en sont chargées) et l'examiner sous toutes ses coutures. On a compris alors que la conservation de la sainte était due à la formation d'adipocire. Le même phénomène chimique, évoqué plus haut, de la saponification et de la femme-savon. Nous avons vu qu'il se produit spontanément quand les cadavres sont plongés dans le milieu alcalin des marécages. Pourquoi Roseline, qui n'a certes pas fini ses jours dans une tourbière, a-t-elle pu être « saponifiée » ? Difficile à dire, faute d'une analyse chimique du milieu dans lequel elle a été inhumée en 1329. Un mécanisme identique pourrait-il expliquer la conservation du corps de Thérèse d'Avila ? Rien n'interdit de le penser. S'il échappe au seul contexte des tourbières, le phénomène de la momification spontanée par saponification des corps organiques est peut-être plus fréquent qu'on ne le croit. Nos cimetières pourraient être emplis de femmes et d'hommes-savons !

Momies des pôles

Trouver le légendaire passage du Nord-Ouest, tel est le but de l'expédition polaire du capitaine sir John Franklin, qui prend la mer en 1845. Franklin entend être le premier à passer de l'océan Atlantique à l'océan Pacifique via les îles arctiques du Grand Nord canadien. Encore faut-il trouver la route et braver des risques sans nombre. L'expédition comprend deux navires, les *HMS Erebus* et *HMS Terror*. Elle traverse l'Atlantique, s'engage dans la mer de Baffin, puis le détroit de Lancaster... et elle disparaît. Plus aucune nouvelle. L'amirauté britannique estime que les deux navires ont pu être bloqués dans les glaces. Possible, mais peut-être y a-t-il des survivants ? C'est la conviction – romanesque – de l'épouse de Franklin, Jane Griffin, qui presse l'amirauté de lancer plusieurs expéditions de secours. En vain : les navires restent introuvables. Il faudra attendre l'année 1905 pour que le fameux passage du Nord-Ouest soit enfin traversé par l'expédition de Roald Amundsen et 2014 pour qu'un des navires de Franklin, l'*Erebus*, soit retrouvé, prisonnier des glaces, dans le détroit de Victoria.

Dans l'intervalle, les explorateurs ont identifié plusieurs vestiges de la malheureuse expédition Franklin, notamment trois tombes sur l'île Beechey. En 1982, Owen Beattie, un anthropologue canadien, entreprend une recherche pour comprendre comment sont morts les marins de l'*Erebus* et du *Terror*. Il faut dire que le sort mystérieux de ces marins évanouis dans les glaces du pôle a tout ce qu'il faut pour exciter la curiosité du public. Jules Verne s'en inspire pour *Les Aventures du capitaine Hatterras* tandis que l'écrivain de science-fiction Dan Simmons suppose, dans son superbe et effrayant *Terror*, que l'expédition fut attaquée par une bête aussi féroce que mystérieuse.

Pour en avoir le cœur net, Owen Beattie obtient en 1984 l'autorisation d'ouvrir les cercueils de trois marins de l'expédition Franklin, ceux de John Torrington, de John Hartnell et de William Braine. Un film documentaire, réalisé pour le magazine américain *Nova*, a retracé toute l'opération. Franchement, il faut le voir pour le croire ! Dès l'ouverture du cercueil, le corps de John Torrington apparaît, parfaitement conservé par le froid polaire, cent cinquante ans après sa mort. Puis c'est le tour du cercueil de John Hartnell. Son expression est figée, la bouche est ouverte, les vêtements sont restés intacts. Le troisième homme, William Braine, est dissimulé par une couverture. Il semble avoir été enterré avec précipitation dans un cercueil trop petit pour lui, un de ses vêtements est même enfilé à l'envers.

Les corps sont si bien conservés que les chercheurs décident de pratiquer des autopsies. Les analyses concluent que les marins «auraient subi de graves problèmes physiques et mentaux causés par l'intoxication au plomb». Le plomb, est-ce l'explication ? L'examen de quelques boîtes de conserve de l'expédition montre en effet que les soudures au plomb étaient mal faites et qu'elles sont vraisemblablement entrées en contact avec la nourriture. D'autres hypothèses incriminent le système d'eau potable des navires, contaminée par le plomb. Quelles qu'en soient les causes, sans doute multiples, les marins de l'expédition Franklin ont été frappés par cette terrible maladie qu'est le saturnisme. Cette intoxication aiguë au plomb, intervenue sur des organismes épuisés, affamés ou atteints de pneumonie, leur a sans doute été fatale. Après plus d'un siècle et demi, les momies de glace ont fini par livrer leur secret.

Momies sacrifiées

On tient des conquistadors espagnols de bien étranges récits. Selon eux, les Incas pratiquaient des sacrifices d'enfants. Ils les étranglaient, ils leur fracassaient le crâne, ils les enterraient vivants pour offrir leurs vies à leurs étranges dieux. Certes, les conquistadors, eux non plus, n'étaient pas des tendres. Ils se sont pourtant montrés scandalisés par ces pratiques barbares. Désiraient-ils noircir le tableau pour justifier leurs propres exactions ? Ou étaient-ils sincères ?

En 1999, un anthropologue américain, Johan Reinhard, entreprend l'ascension du volcan Llullaillaco, en Argentine. Des rumeurs font état de vestiges d'enfants sacrifiés trouvés au sommet du volcan. Accompagné d'une petite équipe, Reinhard gagne le point le plus haut du Llullaillaco, à 6 700 mètres d'altitude. Les rumeurs étaient fondées. À une vingtaine de mètres du sommet, il trouve une fosse délibérément creusée dans le sol. La présence de statuettes, de céramiques et d'offrandes fait penser à une sépulture. En la fouillant méthodiquement, Reinhard dégage trois corps congelés, parfaitement conservés. Trois enfants. Le premier est un jeune garçon de sept ans au moment de sa mort, apparemment ligoté. Il y a aussi une jeune fille de quinze ans, qui semble morte dans son sommeil. Puis une petite fille de six ans, au visage carbonisé. Les trois enfants n'ont reçu aucun traitement destiné à les embaumer, ils se sont momifiés naturellement. Et ils semblent bien avoir été sacrifiés. Enterrés vivants.

La découverte est si importante qu'un musée est spécialement aménagé pour recevoir les trois petits corps : il s'agit du musée d'Archéologie de haute montagne de Salta, en Argentine. Les chercheurs évaluent l'âge des momies à cinq cents ans. Les traits des enfants, pourtant, sont d'une étonnante fraîcheur. Leurs organes sont intacts, à tel point qu'on trouve des restes de sang dans leurs cœurs. Pour épaissir le mystère, on décèle aussi des traces de chicha, une boisson andine préparée à base de maïs, qu'on a sans doute fait boire aux enfants. Comment les trois petits corps se sont-ils momifiés ? Après tout ce qui s'est dit à propos des momies des tourbières, nous sommes mieux armés pour le comprendre. N'oublions pas que nous sommes sur un volcan. Comme les cendres qui servent à fabriquer le savon, les cendres du volcan, qui sont des résidus basiques, ont pu se combiner aux graisses corporelles des enfants pour provoquer, encore une fois, un phénomène de saponification. Le froid a scellé la tombe et les a protégés du pourrissement. C'est ce processus, et non la congélation (comme on l'a cru tout d'abord), qui a permis la conservation des corps.

Reste la question principale : pourquoi a-t-on sacrifié ces enfants et comment a-t-on procédé ? L'étude scientifique des momies offre quelques éléments de réponse. Les enfants, sans doute accompagnés par des adultes, ont marché très longtemps pour parvenir au sommet du Llullaillaco. On a retrouvé dans leurs organismes des traces de coca, qu'on leur a fait mâcher pour leur donner la force de traverser le désert aride de l'Atacama et de gravir les 6 700 mètres du volcan. Le but était d'obtenir la faveur des dieux pour éviter la pire des calamités : la sécheresse.

Comment les enfants sont-ils morts ? Ils ne portent pas de traces d'égorgement ni de mutilations. La jeune fille a été droguée avec de la coca. On lui a fait boire des quantités importantes de chicha, qui l'ont plongée dans un sommeil profond. On l'aurait alors placée dans la fosse, où elle serait morte de froid. Les deux autres momies présentent également des doses d'alcool et de coca dans leur sang. Le petit garçon a été ligoté à cause d'une blessure. La petite fille a eu son visage carbonisé à cause de la foudre, attirée par la couronne en argent qu'on avait posée sur sa tête. Assommés par l'alcool et par la drogue, engourdis par le froid de la fosse glacée, voilà comment les trois petites victimes ont terminé leur vie. La rencontre de la chimie et de la géologie, dans un contexte de froid intense, a permis ensuite qu'ils soient transformés en momies.

La momie assassinée

En France, on a commencé par l'appeler Hibernatus, en référence au film avec Louis de Funès. Aujourd'hui, comme tout le monde, les Français l'appellent Ötzi car Ötzi a été trouvé à la frontière italo-autrichienne, dans les Alpes de l'Ötztal. C'est la plus célèbre momie naturelle trouvée depuis un demi-siècle, à cause de son état de conservation exceptionnel, à cause aussi des circonstances énigmatiques de sa mort, révélées par les examens successifs de sa momie.

Ötzi a été trouvé le 19 septembre 1991 par deux randonneurs, qui ont pensé tout d'abord au cadavre récent d'un alpiniste. Ils étaient loin du compte, l'«alpiniste» avait près de cinq mille trois cents ans! Il reposait depuis cinquante-trois siècles sous une épaisse couche de glace qui le tenait isolé du monde extérieur. C'est la fonte du glacier, exceptionnelle cette année-là, qui a permis de le découvrir. Tout près de la momie congelée, des vestiges attirent l'attention des chercheurs: les restes d'un carquois, un arc, des flèches, une hache. Une manne.

Aujourd'hui, Ötzi est conservé dans une pièce à température contrôlée du Musée archéologique de Bolzano, en Italie. Les méthodes modernes de datation (carbone 14 et spectrométrie de masse) font remonter sa mort à environ cinq mille trois cents ans. Puisqu'ils avaient sous la main un homme de la préhistoire, les chercheurs n'ont pas manqué de l'examiner sous tous ses aspects. Décodage de son ADN, mais aussi de l'ADN mitochondrial des peaux qui ont servi à faire ses souliers et ses vêtements, composition de son dernier repas, étude de ses tatouages, de ses cheveux, de ses ongles, des maladies dont il souffrait, examen de son corps aux rayons X, etc.

Les résultats de ces études ont permis d'en apprendre beaucoup sur les habitudes de vie de ce chasseur du chalcolithique, une période floue de la préhistoire qui n'est plus le néolithique, mais pas encore l'âge du bronze. Nous savons désormais qu'Ötzi était brun, que son système digestif était intolérant au lactose, qu'il souffrait de problèmes cardio-vasculaires, d'une infection parodontale, d'arthrite, de la maladie de Lyme et de parasites intestinaux. Tout ce qu'il faut pour trépasser, mais la mort brutale d'Ötzi a peut-être une tout autre raison. Plusieurs scénarios ont été proposés à mesure que les recherches progressaient.

Premier scénario : nous sommes dans les Alpes, côté Italie. Ötzi, un homme de quarante-cinq ans environ, chemine dans la montagne. Il porte sur lui une hache, un arc, des flèches. Soudain, le ciel s'assombrit. Un orage éclate. Le voilà pris dans une tempête de neige. Aussitôt, il s'abrite dans le creux d'un rocher. Peu à peu, il s'engourdit et meurt de froid. Plusieurs indices suggèrent qu'il venait d'une vallée au sud. Un berger ? Oui, mais il n'était pas accompagné d'animaux. Un chasseur ? Oui, mais son équipement était incomplet. Et il avait des armes.

Deuxième scénario : Ötzi est un marchand forgeron (à cause des armes qu'il portait), mort bêtement d'une chute en montagne.

Troisième scénario : celui-là est digne d'un film d'aventures. Ötzi, pour une raison inconnue, fuit un agresseur. Il est blessé. Les examens de radiologie révèlent la présence d'une pointe de flèche dans son épaule gauche. L'homme qui l'a blessé lui a tiré un projectile dans le dos. En sectionnant une artère, la pointe de la flèche lui a été fatale. Par ailleurs, la main d'Ötzi présente une fracture suggérant qu'une lutte a précédé sa mort.

Quatrième scénario : Ötzi est un personnage important de la région, une sorte de notable enterré avec des armes et un arc, pour de pures raisons de prestige.

D'autres scénarios sont possibles. En 2013, par exemple, l'équipe de l'institut de Bolzano publie de nouvelles analyses suggérant que la fameuse blessure par flèche n'aurait pas été fatale et qu'Ötzi serait mort à la suite d'un traumatisme crânien.

Ce n'est pas tout. La flore intestinale d'Ötzi est aussi une précieuse source d'informations sur les migrations qui ont contribué à faire l'Europe telle qu'elle est, un sujet on ne peut plus actuel. Résumons : depuis cent mille ans, depuis que l'*Homo sapiens* a quitté son berceau africain, une bactérie l'accompagne dans tous ses voyages et dans son estomac, *Helicobacter pylori*. À mesure que le temps passe et que *Sapiens* se disperse sur la planète, les souches de *H. pylori* se différencient selon les régions du monde colonisées. *H. pylori* n'a pas la même allure en Asie, ou en Europe, en Afrique du Nord ou en Océanie.

Or l'analyse montre que l'Européen Ötzi portait dans son estomac des souches de *H. pylori* observées principalement en Asie centrale, ce qui livre de nouvelles vues sur les migrations des peuples dans ces temps éloignés. On estime aujourd'hui que les souches asiatiques et européennes se sont recombinées après la période où vivait Ötzi, pour donner la version européenne actuelle de la bactérie. Les peuples européens se sont très tôt mélangés avec des peuples d'origine asiatique. Ce n'est pas plus mal de l'apprendre, l'Européen pur sucre n'existe pas. C'est la belle leçon que nous délivre la momie d'Ötzi, cinquante-trois siècles après sa disparition.

5

Momies pour mémoire

Officiellement, la tradition millénaire de la momification prend fin en l'an 392 de notre ère, quand l'empereur romain Théodose décrète son interdiction. Dans cet Empire romain fraîchement christianisé, où le zèle des croyants fortifie leur foi nouvelle, on ne peut tolérer des rituels ou des croyances évoquant, d'une manière ou d'une autre, le paganisme. «Tous les peuples doivent se rallier à la foi transmise aux Romains par l'apôtre Pierre [...], c'est-à-dire la Sainte Trinité du Père, du Fils et du Saint-Esprit», voilà ce qu'énonce Théodose dans son édit de Thessalonique, le 28 février 380.

De la momification rituelle à la momification mémorielle

Peu à peu, le rituel égyptien de la momification tombe dans l'oubli. Une précision cependant : la momification à la manière égyptienne, nous y avons assez insisté, était une pratique liée à un ensemble de croyances. Ce qui se perd, avec l'installation du christianisme, c'est la momification des corps conçue comme un préalable à la quête d'éternité du défunt qui finira – s'il sort intact du jugement d'Osiris – par la trouver auprès des dieux. Cela, oui, c'est fini, plus personne n'y croit. Pour ceux qui en ont gardé un vague souvenir, le panthéon polythéiste des Égyptiens a été ravalé au rang d'une mythologie païenne naïve et idolâtre, la croyance en un dieu unique l'ayant définitivement balayée. Concernant les défunts, l'inhumation est devenue la pratique la plus courante, en attendant le Jugement dernier et la résurrection des corps. En d'autres termes : on assiste à un mouvement progressif de *désacralisation* de la momification, qui perd ses racines religieuses et magiques.

Pour autant, cela ne signifie pas que la pratique de l'embaumement disparaît. Même marginale et déliée de son affiliation à l'antique religion égyptienne, la momification survit, au fil des siècles, sous des formes techniques différentes, avec des objectifs différents.

Nous verrons, dans le prochain chapitre, comment la conservation des corps des rois, puis de ceux des leaders politiques, est devenue une tradition qui s'est poursuivie jusqu'au siècle dernier. Dans d'autres cas, par exemple dans la sphère privée ou familiale, la momification des corps agit comme la conservation du souvenir de chers disparus ou de figures qui ont marqué des groupes sociaux. Nous sommes passés de la momification rituelle à la momification mémorielle. À travers la momie qu'ils font réaliser de leur petite fille, morte à deux ans d'une pneumonie, les parents de Rosalia Lombardo, comme nous le verrons plus loin, rendent un culte au souvenir de leur enfant. Mais ils savent bien qu'elle est morte, qu'elle ne reviendra pas. Les anciens Égyptiens, au contraire, considéraient que le mort était un mort en sursis, en voie de résurrection dans l'autre monde. C'est très différent.

La cité des morts

L'exemple le plus étonnant d'une momification mémorielle à grande échelle se trouve à Palerme, en Sicile, dans le couvent des frères mineurs capucins, à proximité de l'église de Santa Maria della Pace. Deux mille momies hantent les cryptes du couvent. La première vision qu'on en a est stupéfiante, vraiment. Car les momies de Palerme semblent presque vivantes. Très bien conservées, elles ont gardé leurs vêtements. Leur nombre aussi impressionne. Il y a de tout : des hommes, des femmes, des enfants, des prélats, des militaires, des hommes politiques, des notables, toute une population bigarrée qui s'entasse dans un dédale de couloirs et d'allées. Les frères capucins ont bien essayé de regrouper leur petit peuple de momies par quartiers (celui des militaires, des religieux, des femmes, des notables, etc.), l'impression qui prévaut est celle d'un pullulement de momies assez désordonné. Comme dans la vraie vie. Mais, là, ce sont des momies. Certaines sont couchées dans leurs niches, d'autres assises, d'autres encore en conversation. Et, dans une crypte à part, éclairée d'une faible lumière, une petite fille semble endormie, la fameuse Rosalia Lombardo.

Que s'est-il passé ici ? Un détail nous met sur la voie : les plus anciennes de ces momies sont celles des moines capucins. C'est donc avec eux que tout a commencé, au XVIe siècle. L'ordre des Capucins était installé à Palerme depuis 1534. Il avait obtenu la permission de construire son couvent près de l'église de Santa Maria della Pace. Pour enterrer les morts, il y avait un petit cimetière. Trop petit.

Vers la fin du XVIe siècle, les places commencent à manquer. Que faire des moines défunts ? En 1599, les capucins tentent une expérience. Ils décident de momifier l'un des leurs (le frère Silvestro da Gubbio) et de l'installer dans la crypte du couvent. Comment procèdent-ils ? Ils ne l'ont ni raconté, ni écrit. On sait pourtant qu'au XVIᵉ siècle certains de leurs frères sont partis évangéliser la Turquie, la Syrie, le Liban. Y ont-ils été initiés aux techniques des embaumeurs égyptiens ? Ce n'est pas impossible, car leur méthode revient, assez « classiquement » finalement, à vider le cadavre de ses entrailles (les incisions dans les corps en témoignent), puis à le laver au vinaigre et à le laisser sécher pendant plusieurs mois. Nous ne sommes pas loin des Égyptiens. On comprend aussi pourquoi ils n'ont pas souhaité s'étendre sur le sujet, puisqu'ils empruntaient à une pratique païenne, condamnée par l'Église.

La technique s'affine

Au fil des années, le nombre des morts augmentant, une nouvelle chapelle est creusée sous l'autel. La qualité de ces momies fait l'admiration des visiteurs. Les moines sont conservés habillés, dans des situations proches de la vie quotidienne, les corps ne présentent pas de traces de décomposition. Il est vrai que les conditions de conservation, dans ces catacombes, sont idéales. Elles sont fraîches et bien ventilées, leurs parois en calcaire absorbent l'humidité. Les moines défunts sont disposés dans des niches creusées dans les parois. Ils sont installés au-dessus d'un trou par lequel, quand les cadavres sont mis à sécher, les fluides corporels sont évacués via un réseau de canalisations. Certains des visages momifiés laissent apparaître des signes d'une grande souffrance. La bouche est ouverte et semble s'être figée sur un horrible cri d'agonie. Mais ce n'est qu'une apparence. Cette expression du visage est due au relâchement des muscles une fois qu'on a mis le cadavre en position verticale. L'imagination des vivants fait le reste.

À partir du XVIIIe siècle, on note une évolution dans l'origine sociale des momies. Réservée d'abord aux moines du couvent, la momification s'étend aux ecclésiastiques de haut rang. L'étude des momies au scanner a vendu la mèche. Elle a montré que les momies nouvelles venues étaient bien nourries (alimentation à base de viande et de poisson), contrairement aux pauvres moines capucins du début, qui se contentaient de bouillies de céréales et de légumes. Après les ecclésiastiques arrivent les nobles palermitains. Attirés par la réputation des embaumeurs du couvent, ils viennent négocier leur momification chez les capucins. En échange, ils font au couvent des dons en argent. Un commerce implicite se met en place, la qualité de la momification des demandeurs étant proportionnelle à la générosité de leurs dons.

Après les nobles, la coutume qui consiste à se faire momifier au couvent s'étend à des fractions plus larges de la population. Précisons : de la population solvable, car l'opération est coûteuse. Des médecins, des avocats, des militaires viennent se faire embaumer ici. Un Pierre Bourdieu des cimetières pourrait sans doute élucider le mécanisme de diffusion d'une pratique réservée d'abord aux membres du couvent, gagnant ensuite l'élite aristocratique de la société pour se disséminer ensuite, par imitation, dans la classe moyenne émergente, soucieuse de respectabilité. À tel point que se faire momifier au couvent devient, à Palerme, le comble du chic. À leur manière, tous les protagonistes du *Guépard* de Lampedusa et Visconti hantent le couvent de Palerme (après tout, nous sommes en Sicile) : don Fabrizio l'aristocrate, Tancrède le neveu ambitieux, don Calogero Sedara le bourgeois qui veut imiter les grands, etc.

Mais l'histoire des momies de Palerme ne peut être réduite à un effet de mode. Au fil du temps, l'embaumement de ceux qui pouvaient en payer le prix engendra un culte des morts tout à fait particulier. D'abord, les familles venaient voir leurs disparus au couvent, tout comme ils allaient les visiter, auparavant, au cimetière. Mais il était difficile de ne pas être fasciné par ces corps de chair et d'os, qui avaient gardé toutes les apparences de la vie. Alors on se mit à leur parler, comme à un membre de la famille encore vivant.

On venait en famille voir le mort, on lui demandait un conseil ou une approbation. Cela dura jusqu'à la fermeture des catacombes, en 1880. Et même après, puisque les dernières momies traitées au couvent datent du début du XXe siècle.

Le succès inattendu de la momification au couvent de Palerme incita tout naturellement les frères capucins, qui en avaient à présent les moyens, à faire évoluer leur technique. Fondée naguère sur l'éviscération des cadavres et sur leur séchage, un mode opératoire assez grossier, elle utilise au XIXe siècle l'injection de fluides destinés à conserver les corps sans les mutiler. Là encore, les moines sont restés discrets sur leur méthode. Le médecin sicilien Giuseppe Tranchina, qui a travaillé pour le couvent, en a tout de même dévoilé la recette : pas d'éviscération, mais l'injection d'une solution à base de mercure et d'arsenic permettant, selon lui, d'obtenir une momification parfaite en quatre mois. On a appelé cela le « *metodo tranchiniano* ». Le plus remarquable, là-dedans, fut l'habileté à communiquer du Dr Tranchina, car sa technique n'avait rien d'original et recoupait celles, utilisées aux États-Unis et ailleurs, des thanatopracteurs du XIXe siècle. Dans ce domaine, le chef-d'œuvre restait encore à venir.

Rosalia

Le chef-d'œuvre se nomme Rosalia Lombardo. C'est une des dernières momies acceptées au couvent des franciscains de Palerme. Rosalia est une petite fille de deux ans, morte d'une pneumonie le 6 décembre 1920. Son corps, qui semble intact, repose aujourd'hui dans une pièce spéciale du couvent. Il est allongé dans un cercueil de cristal et présenté, ni plus ni moins, comme « la momie la plus belle du monde » ou « *the Sicilian Sleeping Beauty* ».

Il est vrai que la fillette, très jolie, semble dormir. Une coiffure coquette, un petit nœud dans les cheveux achèvent d'en faire une petite poupée, morte tout de même depuis près d'un siècle.

Le père de Rosalia, Mario Lombardo, fut très touché par la mort inattendue de sa fille. C'est pourquoi il contacta un embaumeur, le Dr Alfredo Salafia, pour conserver le corps de Rosalia.

La star des embaumeurs

Alfredo Salafia était déjà un médecin célèbre en 1920. Il le devint plus encore après avoir réalisé son grand œuvre : l'embaumement de Rosalia. Salafia, comme le Dr Tranchina, avait mis au point sa propre méthode pour conserver la matière organique. Mais la sienne était originale et innovante. Elle reposait sur l'injection d'une solution chimique de son invention dans le corps du défunt. Jusqu'à sa mort, le Dr Salafia a tenu à en garder la composition secrète. Pour commencer, il l'expérimenta sur des chiens et des chats, en taxidermie. Les résultats furent concluants. Puis il obtint l'autorisation de l'inoculer à des cadavres humains, là encore avec succès. Sa réputation allant grandissant, on lui proposa d'embaumer quelques personnages importants comme le président du Conseil italien Francesco Crispi, puis un cardinal et un sénateur. Comble de la consécration, il fut invité en 1910 à New York pour parler de sa méthode et faire quelques démonstrations, couronnées de succès. Dans ces conditions, on comprend que le père de Rosalia se soit adressé au Dr Salafia. Comme il en avait les moyens, il a choisi la star des embaumeurs.

Et il ne fut pas déçu. Non seulement l'apparence extérieure de la petite fille a été préservée, mais la totalité de son organisme est restée intacte. Les chercheurs, qui trouvaient Rosalia trop belle pour être vraie, se demandaient en effet si elle ne cachait pas un corps artificiel. À force d'insister, une équipe conduite par l'anthropologue Dario Piombino-Mascali, de l'université de Vilnius, accompagné d'Albert Zink, directeur de l'Institut des momies de Bolzano, a obtenu l'autorisation de réaliser un CT-scan du corps de la petite fille. L'équipe pensait faire le scanner à travers les vitres du cercueil, mais il a fallu déchanter. Les parois, en effet, étaient doublées de feuilles de plomb. Était-ce sur l'insistance du Dr Salafia ? Car le plomb est opaque aux rayons X. Le docteur avait-il quelque chose à dissimuler, ou était-ce encore son obsession du secret ? Il a donc fallu sortir le petit corps de sa boîte de verre et réaliser le scanner sur une table proche.

On avait tort de soupçonner un trucage. Les rayons X ont montré que le cadavre était parfaitement préservé, avec des organes en excellent état. Aucun d'eux n'avait été retiré. Rosalia repose, un siècle après sa mort, telle qu'elle était au moment de son décès.

Le secret du Dr Salafia

Le problème, c'est que le Dr Salafia est mort le 31 janvier 1933 et qu'il a emporté son secret dans la tombe. Têtu, malgré l'insistance de ses collègues, il n'a jamais voulu révéler à quiconque la composition de sa solution magique. En fait, elle n'était pas si magique. En 2009, Dario Piombino-Mascali et Albert Zink ont pu approcher une descendante du médecin, qui vit encore en Sicile. Elle a obligeamment ouvert aux deux chercheurs les carnets secrets du célèbre embaumeur. Ils contenaient la composition de sa solution secrète : « une dose de glycérine, une dose de formol saturé avec du sulfate et du chlorure de zinc et une dose d'alcool saturé d'acide salicylique».

En réalité Salafia, avant tout le monde, avait découvert l'intérêt du formol pour la conservation des cadavres. Après lui, le formol ou formaldéhyde, de formule chimique $CH2O$, sera utilisé couramment en thanatopraxie. Le produit (six à dix litres) est injecté dans une artère du défunt et stoppe efficacement la prolifération bactérienne, freinant ainsi la destruction cellulaire. Salafia y ajoutait de la glycérine pour que le corps ne s'assèche pas et de l'acide salicylique pour éviter l'apparition de champignons. En général, les embaumeurs utilisent le formol pour donner du cadavre une image présentable pour la famille, en attendant son inhumation. Mais, selon son dosage, le formol, associé aux sels de zinc, peut pétrifier le corps et permettre de le conserver longtemps, ce qui avait sans doute été demandé par le père de la petite Rosalia. Aujourd'hui, une directive de l'Union européenne a interdit l'utilisation du formol et de ses dérivés, à cause de sa toxicité et de son rôle néfaste dans certains cancers, comme celui du nasopharynx. Il n'empêche, tous les embaumeurs après Salafia, pendant plusieurs décennies, se sont servis du formol pour faire leur travail. Le mérite de Salafia est d'avoir été le premier.

Aujourd'hui, la petite Rosalia est conservée dans un nouveau cercueil de verre, apte à bloquer l'entrée de toutes les bactéries et des champignons. Grâce à un film spécial recouvrant le verre, il protège également le corps des effets de la lumière. Rosalia, comme le souhaitait son père, est, maintenant plus encore qu'hier, apte à incarner *the Sicilian Sleeping Beauty*.

6

Les rois embaumés, les communistes aussi

À côté de l'embaumement mémoriel, une autre tradition se développe en Occident : celle de l'embaumement politique. Les momies politiques ne protègent personne de la mort, elles se contentent de protéger une idée incarnée dans un homme : le principe monarchique, par exemple, à travers la figure du roi défunt. Ou l'idéal communiste, à travers celle d'un leader politique de premier plan. On retrouve ici le principe célèbre des deux corps du roi, bien analysé par Ernst Kantorowicz. La mort physique du roi est compensée par un ensemble de rites qui soulignent la permanence quasi surnaturelle de la royauté, laquelle ne meurt jamais. Dans cette perspective l'embaumement, qui préserve (tant bien que mal, on le verra) l'apparence extérieure de la personne royale, protège aussi bien le principe monarchique de la corruption.

Les premiers essais d'embaumement royal

Tout a commencé avec les croisades. Les bons chrétiens étaient supposés se faire enterrer en terre chrétienne. Certes, mais que faire des croisés – bons chrétiens s'il en fut – morts au combat en terre infidèle, Saint Louis par exemple ? Faut-il les laisser pourrir sur place ou les ramener au pays ? Et, dans ce cas, comment éviter que le corps royal se décompose au cours du voyage de retour ? La solution vint des chevaliers teutons. C'est le *mos teutonicus* qui consistait, ni plus ni moins, à ouvrir les cadavres et à les faire bouillir de manière à prélever les os intacts, qu'on rapportait en terre chrétienne. Un autre procédé consistait à conserver les chairs dans du sel (comme la viande de consommation courante) pour les rapatrier avec les ossements du défunt. Ainsi, quand Saint Louis meurt de la peste à Tunis, on fait bouillir son cadavre dans de l'eau additionnée de vin pour séparer les os des chairs. Les ossements sont envoyés dans la basilique de Saint-Denis, pour devenir des reliques. Les parties molles sont inhumées en Sicile.

Mais l'Église catholique voit d'un mauvais œil ces pratiques d'équarrisseurs, qu'elle estime incompatibles avec le respect dû à l'intégrité du corps d'un chrétien mort en Terre sainte. En 1299, une bulle du pape Boniface VIII interdit l'usage du *mos teutonicus*, sans dire toutefois par quoi le remplacer. Alors on tâtonne. On comprend que l'éviscération permet à l'enveloppe charnelle du défunt de se conserver plus longtemps. Quant au corps éviscéré, on le conserve avec du vin, du sel ou des aromates aux vertus antiseptiques.

Cette méthode empirique permet de gagner quelques jours sur la décomposition, mais pas plus. Que faire quand il faut transporter le roi sur de longues distances, afin de l'exhiber lors des cérémonies religieuses ? On a recours à une astuce. On fabrique une effigie du souverain en bois (pour le corps) et en cire (pour la tête), qu'on substitue au vrai cadavre. Celui-ci, en état de putréfaction plus ou moins avancée, est disposé dans un coffre en plomb dissimulé à l'intérieur du cercueil. On habille le mannequin, on le pare des insignes royaux et on le promène lors des cérémonies prévues par le protocole, tandis que le vrai corps du roi finit de se décomposer dans son coffre de plomb ! Personne n'est dupe, d'autant que l'odeur épouvantable du vrai cadavre accompagne le cortège royal. Mais les apparences sont sauves, et le caractère sacré de la personne du roi semble préservé de la décomposition destructrice. Cette tradition se perpétue jusqu'à la mort de Louis XIII, en 1643. La décision de la régente de manifester immédiatement et publiquement, malgré son très jeune âge, l'autorité royale de Louis XIV met un terme à cet interrègne rituel. Avec le temps, la technique de l'embaumement royal s'affine, l'éviscération et le prélèvement du cœur (et parfois du cerveau) se généralisent tandis que les procédés antiseptiques destinés à conserver le reste du corps gagnent en efficacité.

La momie de Louis XI

Il nous reste bien peu de traces, aujourd'hui, de ces premières momies royales. Un rare vestige, celui du roi Louis XI, se trouve dans la basilique Notre-Dame de Cléry-Saint-André, dans le Loiret, où le roi avait choisi de se faire inhumer. Le souverain s'est fait représenter, à l'entrée de la basilique, par une statue qui le montre vieillissant, chauve, déjà très malade. On accède à son tombeau en soulevant une petite trappe. Les « momies » de Louis XI et de la reine Charlotte de Savoie sont bien là, mais elles se résument à deux crânes, rien de plus. La première déception passée, un examen plus attentif montre qu'il s'agit pourtant des restes de deux momies. Les crânes ont été sciés, ce qui laisse supposer que les cerveaux ont été ôtés, avec les viscères et le cœur, comme chez les autres rois. Si les corps momifiés de Louis et de Charlotte ont disparu, c'est parce que les tombeaux ont été profanés. Une première fois en 1562, par des huguenots, lors des guerres de religion. Une deuxième fois lors de la profanation des tombeaux des rois sous la Révolution française, comme nous le verrons.

Le Soleil embaumé

Nous sommes mieux renseignés, en revanche, sur la momification du corps de Louis XIV. L'agonie du souverain, rongé par la gangrène, fut vécue par lui avec courage et résignation. Le dimanche 1er septembre 1715, après quelques heures de coma, Louis rend son dernier soupir. Peu de temps après commence l'autopsie. C'est un acte de pure forme, destiné à vérifier que le roi n'a pas été empoisonné. C'est ensuite seulement que l'embaumement peut commencer. La première phase, l'éviscération, consiste à retirer le cœur et les entrailles du souverain, qui seront conservés séparément. Le cœur est soigneusement lavé, macéré quelques heures dans une solution alcoolique, puis disposé dans une boîte de plomb remplie d'aromates. On procède de manière identique pour les entrailles, enfermées dans un baril de plomb. La momification du corps se réalise dans une deuxième phase, selon une technique décrite par le médecin légiste Philippe Charlier. Elle consiste à bourrer les cavités du corps d'étoupes de chanvre ou de lin, imprégnées d'une poudre composée de plantes aromatiques et de substances résineuses, afin de vider le cadavre de ses fluides et de le stériliser. Philippe Charlier en dresse la liste : feuilles de laurier, myrte, sauge, absinthe, marjolaine, hysope, thym, racines d'iris, de flambe, fleurs de camomille, de lavande, etc. Une fois toutes les cavités remplies, on ceint le cadavre de ficelles et de bandelettes, et le voilà paré pour l'éternité !

Remarquons que, si la technique diffère de celle des Égyptiens, les principes restent les mêmes, à ceci près qu'un cocktail d'herbes aux propriétés antiseptiques et dessiccatives a remplacé les sels de natron. Cette substitution explique sans doute les différences entre les momies royales et les momies égyptiennes. En effet, les témoins qui ont pu voir la momie de Louis XIV en 1793, lors de la profanation des tombeaux des rois à Saint-Denis, font état d'un Louis XIV « noir comme l'encre ». Ainsi, moins d'un siècle après la mort du roi, malgré les soins apportés, sa momie était déjà en mauvais état. À comparer avec celle de Ramsès II, qui avait fort bien supporté son voyage dans le temps de trente-deux siècles. Les talents des embaumeurs ne sont pas en cause, le climat sec et, encore une fois, les propriétés exceptionnelles du natron ont sans doute fait la différence.

Quant au successeur du Roi-Soleil, le peu estimé Louis XV, il mourut de la variole. Le duc de Croÿ, qui assista à l'agonie du roi, en a laissé une description terrifiante. Après vingt-quatre heures de suffocations, le roi meurt à l'aube du 10 mai. L'odeur était épouvantable, la peur de la contagion était dans toutes les têtes. Un membre de la cour, dit-on, demanda alors au chirurgien du roi de procéder à l'embaumement. Celui-ci lui répondit : « Je suis prêt à le faire mais, pendant que j'opérerai, vous tiendrez la tête. » Inutile de préciser que personne ne se porta volontaire ! On évita donc d'ouvrir le cadavre, comme à l'accoutumée, pour en extraire les viscères et le cœur. On disposa rapidement le corps, en état de décomposition avancée, dans un coffre de plomb et on le transporta au plus vite à Saint-Denis. Des grands rois de France, Louis XV fut donc le seul à ne pas être embaumé.

Les momies royales profanées

L'épisode le plus marquant de l'histoire des momies royales est certainement celui de la profanation des tombes de la basilique Saint-Denis, pendant la Révolution française. Par trois fois, en août et en octobre 1793, puis en janvier 1794, les tombes ont été démontées ou détruites, les corps exhumés et profanés. L'aspect « positif », si l'on peut dire, de cet événement est que les récits des témoins nous permettent de dresser un portrait général de l'état de conservation des momies royales depuis les débuts de la royauté.

Remontant aux origines mêmes du christianisme, la basilique cathédrale Saint-Denis fut construite pour accueillir la dépouille du martyr décapité, venu évangéliser Paris. Saint Denis étant devenu, au fil des siècles, le patron des rois de France, il était logique que la basilique cathédrale fût choisie, à partir du règne d'Hugues Capet, pour abriter la nécropole des souverains français. Tous y ont été inhumés, hormis quelques rares exceptions comme Philippe Ier ou Louis XI, qui avait choisi, on l'a vu, Notre-Dame de Cléry-Saint-André. On accorde aussi à certains grands serviteurs de l'État, comme le connétable Du Guesclin ou le maréchal de Turenne, l'honneur de reposer dans la cathédrale aux côtés des rois.

Vient l'heure de la Révolution. Après la chute de la monarchie, le 10 août 1792, la Convention nationale fait la chasse aux symboles de l'Ancien Régime. Accessoirement, à l'heure de la patrie en danger, on a besoin du plomb des cercueils royaux pour fabriquer au plus vite les balles qui armeront les patriotes. C'est le député Bertrand Barère, rapporteur du Comité de salut public, qui fait voter la proposition visant à détruire les tombeaux et les corps royaux de Saint-Denis. Le décret est adopté le 1er août 1793. Il stipule que «les tombeaux et mausolées des ci-devant rois, élevés dans l'église de Saint-Denis, dans les temples et autres lieux, dans toute l'étendue de la République, seront détruits le 10 août prochain».

En réalité, l'essentiel des profanations se déroulera en octobre 1793. Par chance, nous disposons d'un témoin oculaire. Il s'agit de Dom Germain Poirier, savant bénédictin de la congrégation de Saint-Maur, que la Convention a chargé d'assister aux exhumations. Son « Rapport sur l'exhumation des corps royaux à Saint-Denis en 1793 » est une précieuse source de renseignements sur ce que les profanateurs ont fait et vu au cours de ces journées.

Accompagnés de surveillants, les ouvriers sont descendus le 12 octobre dans le caveau des Bourbons. Les tombes des Valois et de leurs prédécesseurs sont enfoncées au bélier. Plusieurs corps sont trouvés en mauvais état, ce qui semble accréditer la médiocre réputation des techniques européennes de momification. Néanmoins, Dom Poirier note que « quelques-uns de ces corps étaient bien conservés, surtout celui de Louis XIII, reconnaissable à sa moustache ». Quant à Louis XIV, on a rapporté plus haut la couleur très noire de sa momie. « Les autres corps, et surtout celui du grand dauphin, étaient en putréfaction liquide. » Au cours de ces journées d'octobre, nombre de momies royales sont détériorées par les petits malins qui détachent des touffes de cheveux ou des morceaux d'ongles afin de les revendre aux amateurs de souvenirs ou de fétiches.

Une note curieuse : défilant devant ces rois embaumés, tout se passe comme si les sans-culottes en profitaient pour régler son compte à l'histoire de France, telle qu'ils la comprennent. C'est ainsi qu'en ouvrant le cercueil de Marie de Médicis les ouvriers l'injurient, l'insultent et lui arrachent les cheveux en l'accusant du meurtre de Henri IV. Par-delà les siècles, une revanche de la mémoire du peuple contre la mémoire officielle.

Bonne ou mauvaise tête ?

Récemment, une affaire a fait couler beaucoup d'encre, celle de la tête momifiée de Henri IV. Le 12 octobre, Dom Poirier note : « On a ouvert le caveau des Bourbons du côté des chapelles souterraines et on a commencé par en tirer le cercueil de Henri IV. » Le cercueil est brisé à coups de marteau et de hache, pour la partie en plomb. Cette fois, tous les témoignages concordent, les révolutionnaires découvrent un corps bien conservé. « Les traits du visage étaient parfaitement reconnaissables. Il resta dans le passage des chapelles basses, enveloppé de son suaire également bien conservé. Chacun eut la liberté de le voir jusqu'au lundi matin 14 octobre, qu'on le porta dans le chœur au bas des marches du sanctuaire, où il resta jusqu'à deux heures de l'après-midi, qu'on l'enterra dans le cimetière dit des Valois. » Un Henri IV en bon état, qu'on exhibe pendant deux jours en le dressant sur ses pieds.

La momie semble si bien conservée que la légende s'en empare. En 1925, un brocanteur, Joseph-Émile Bourdais, présente une tête momifiée qu'il attribue à Henri IV. Elle aurait été prélevée, affirme-t-il, sur le corps du roi juste avant que le cadavre soit jeté dans une fosse commune avec les restes des autres momies. Cette attribution est d'autant plus troublante que la tête exhibée par Joseph-Émile Bourdais est criante de fidélité – trop, diront certains – à l'apparence qu'on suppose être, dans les livres d'histoire, celle du bon roi Henri.

La controverse, limitée à l'époque à un cercle d'érudits, rebondit en 2009 sur une plus grande échelle, d'autant que les médias s'en mêlent. Elle met aux prises le camp des « contre », qui crie à la supercherie tandis que les « pour » (parmi lesquels le médecin légiste Philippe Charlier), qui avancent nombre d'arguments, envisagent en 2010 de faire don de la tête momifiée au président Nicolas Sarkozy, en attendant une reconnaissance officielle et une inhumation digne de ce nom dans la cathédrale Saint-Denis.

Une partie de la controverse tourne autour du crâne du supposé roi. Ce crâne est intact, il n'a pas été scié comme c'était l'usage, à l'époque, lors des embaumements. C'est la preuve, selon les « contre », de son inauthenticité. À quoi les partisans du « pour » répondent en invoquant Alphonse de Lamartine qui écrit, dans son *Histoire des Girondins*, que Henri IV aurait été «embaumé avec l'art des Italiens». Une phrase obscure qui signifie simplement que le bon roi aurait été embaumé sans prélèvement de la cervelle, et donc sans trépanation ni perforation. Lamartine tiendrait ce détail des témoins des profanations de 1793. La contradiction vient aussitôt d'un Italien justement, l'anthropologue Gino Fornaciari, selon qui rien ne prouve que les «Italiens» ne procédaient pas, eux aussi, à la trépanation lors des embaumements. *Exit* l'argument de «l'art des Italiens». La polémique continue en 2012, sur le terrain de la génétique cette fois. Un fragment d'ADN de la tête momifiée semble concorder avec la trace génétique, extraite de l'ADN de Louis XVI, prélevée sur un échantillon de son sang recueilli juste après son exécution. Mais un autre expert estime que cette analyse ADN n'est guère probante. Nous n'entrerons pas dans les querelles d'experts, dont la technicité s'amplifie avec la dimension médiatique de la dispute. Restons-en à ce qui semble patent : à la différence des autres momies, celle de Henri IV, en 1793, était de bonne qualité. Au moins une.

Les corps de 70 grandes figures de l'histoire de France, dit-on, ont fini dans deux fosses communes. 46 rois, 32 reines, 63 princes du sang, 10 grands du royaume, etc., sont jetés dans deux fosses creusées le long du parvis de la cathédrale (l'une pour les

Bourbons, l'autre pour les Valois et divers), au terme des trois profanations.

Vingt-quatre ans après la mort de Louis XVI, le 21 janvier 1817, le roi Louis XVIII fait réparer, comme il le peut, la tragédie de 1793. Les restes des momies profanées sont rassemblés dans un ossuaire. Comme elles ont été brûlées par la chaux vive, aucune identification individuelle n'est possible. Les ossements, entremêlés, sont répartis dans une dizaine de coffres et rapportés à Saint-Denis. À noter que Louis XVIII, justement, fut le dernier roi de France embaumé selon la tradition. Aujourd'hui, sa momie est toujours présente dans les caveaux de la basilique Saint-Denis. On ignore son état de conservation.

Momies communistes

Comme les rois, le communisme a deux corps. Un corps physique, qui s'incarne dans celui d'un leader, le plus souvent issu du peuple. Puis, au fil des combats et des épreuves, ce corps physique se dépouille de ses particularités humaines pour s'identifier à l'idéal qu'il porte. Déjà sensible au cours de la vie du leader, cette métamorphose prend toute sa mesure au moment de sa disparition. Aucune mort de roi, dans le monde, n'a provoqué autant d'émotion que celles de Lénine, Staline ou Mao Zedong. Courir le risque de livrer la personne physique du leader à la décomposition, c'est risquer d'entacher, de corrompre le rêve collectif qu'il a incarné. C'est ainsi que, presque naturellement, les premiers communistes reprennent aux anciens Égyptiens et aux rois de France la tradition millénaire de l'embaumement.

Cryogéniser Lénine ?

Lénine meurt le 21 janvier 1924, à cinquante-quatre ans, on ne sait trop de quoi. Le plus probable est une thrombose cérébrale, mais d'autres pistes ont été évoquées, comme la syphilis ou un empoisonnement. Dans l'immédiat, le Politburo a une question bien plus pratique à résoudre : que faire de son cadavre ?

Lénine, peu de temps avant sa mort, avait demandé des funérailles très simples. Mais, dans cette URSS encore jeune, en proie à des divisions internes et à l'encerclement extérieur, l'inhumation du grand homme pouvait annoncer fâcheusement l'enterrement prochain du socialisme lui-même. Pour se donner le temps de trouver une meilleure solution, le Politburo ordonne de conserver provisoirement le corps de Lénine dans la glace. Pendant quelques jours, on explore toutes les pistes.

Justement, la glace. Pourquoi ne pas l'y garder ? Et si on cryogénisait Vladimir Ilitch dans de l'azote liquide à moins 196 degrés centigrades, en attendant que la médecine de l'avenir soit en mesure de le ressusciter ? On a du mal à y croire, mais plusieurs bolcheviques imaginatifs font cette proposition. L'enthousiasme de la révolution d'Octobre, une foi sans limites dans les pouvoirs de la science, la mode littéraire du futurisme russe, qui célébrait le machinisme et la modernité, expliquent sans doute cette étrange suggestion, proche de la science-fiction. Elle voit même un début de réalisation, puisque l'équipement destiné à congeler le chef communiste est commandé à l'étranger. Le projet est pourtant abandonné, mais pas l'idée de donner à la mort de Lénine un caractère exceptionnel.

Un Toutankhamon « scientifique »

Finalement, deux dirigeants bolcheviques, Anatoli Lounatcharski et Leonid Krassine, trouvent la solution : momifier Vladimir Ilitch. Il faut dire que les momies égyptiennes étaient à la mode. Deux ans auparavant, l'Anglais Howard Carter avait découvert, dans la Vallée des Rois, la tombe intacte du pharaon Toutankhamon. Sa momie était encore dans le sarcophage, entourée d'un trésor considérable. La nouvelle avait frappé l'opinion, l'Égypte était alors dans toutes les têtes. La décision est vite prise, on embaumera Lénine. Mais comment ? Pas à la manière égyptienne, qui consiste à assécher le corps pour le conserver. Imaginez un Vladimir Ilitch recouvert de bandelettes, le visage parcheminé comme celui de Ramsès II. Impossible ! On veut un Lénine intact. Intact comme le socialisme. On l'installera dans un mausolée, à l'intérieur d'un cercueil de verre devant lequel le peuple soviétique, du plus modeste des ouvriers au plus diplômé des ingénieurs, pourra défiler. En attendant, en trois jours à peine, on construit un mausolée provisoire en bois afin de permettre à des millions d'hommes et de femmes de faire leurs adieux à leur dirigeant. Le mausolée définitif, lui, ne sera achevé qu'en 1930.

Depuis le début, Trotski est résolument opposé à cette idée d'embaumement qui lui semble surgie du plus lointain passé religieux, qui n'a rien à voir en tout cas avec le marxisme-léninisme. Félix Dzerjinski, le responsable de la Guépéou, rétorque que c'est tout le contraire. Lénine sera embaumé d'une manière moderne, « scientifique ». C'est le mot magique : tout ce qui concerne le marxisme-léninisme doit être scientifique. Et comme le cadavre de Lénine commence à se détériorer, Trotski s'incline.

Le Politburo confie à une « commission pour l'immortalisation de la mémoire de V.I. Oulianov », présidée par Dzerjinski, le soin de mettre au point une solution miracle. Elle est trouvée, dans l'urgence, par deux savants : Vladimir Vorobiev, un médecin légiste,

151

et Boris Zbarski, un biochimiste. La solution qu'ils proposent a le double mérite d'empêcher la multiplication des bactéries et de remplacer l'eau des tissus. Elle n'asséchera pas le corps tout en le préservant de la corruption. Lénine, dans son cercueil, pourra porter l'habit de Monsieur Tout-le-monde et son visage restera intact et serein.

Juste avant de l'embaumer, le scientisme ambiant, encore lui, suggère de prélever le cerveau de Lénine et de le confier à trois laboratoires (qui formeront plus tard l'Institut du cerveau de Moscou, qui existe toujours) afin de découvrir les particularités cérébrales qui pourraient expliquer le caractère si exceptionnel du génie de Lénine. Le Dr Oscar Vogt, un neurologue allemand qui travaille sur la question en collaboration avec ses collègues soviétiques, soupçonnera en 1929 un groupe de neurones, dans la troisième couche du cortex cérébral de Lénine, d'être à la source de son intelligence hors du commun. Ses conclusions n'ont convaincu personne, ce qui n'empêcha pas l'Institut du cerveau de Moscou de continuer à débusquer les zones cérébrales du génie dans les cerveaux encore frais de Maïakovski ou de Gorki. Et c'est ainsi que Vladimir Ilitch, discrètement décérébré, commença son long voyage vers un avenir embaumé.

La machinerie du mausolée

Tout ce qu'on peut dire, près d'un siècle plus tard, c'est que le pari semble gagné. La momie de Lénine repose toujours dans son cercueil de verre, quasiment inchangée. Les embaumeurs, dit-on, voulaient donner l'impression d'un homme qui dort. Ils ont réussi. Tant qu'on ne s'approche pas trop d'elle, la momie, qui semble faire une bonne sieste, paraît étonnamment fraîche, la peau a gardé le naturel d'une peau humaine. Quant au cercueil de verre, il est à l'épreuve des balles. Lénine, aujourd'hui comme hier, n'avait pas que des admirateurs.

Cette partie émergée du dispositif cache une installation impressionnante, située sous le mausolée. On y découvre deux salles de contrôle, qui font penser à celles d'une centrale nucléaire. Des ordinateurs veillent au maintien strict d'une température de 16,6 °C et d'un degré d'hygrométrie de 70 %. Une alarme retentit dès que ces normes rigoureuses ne sont pas respectées. Un tunnel d'une longueur de deux cents mètres est directement relié au Kremlin, ce qui permettait jadis à des dirigeants impotents, comme Konstantin Tchernenko, de gagner le mausolée sans avoir à passer par la place Rouge. Les cinq scientifiques qui travaillent ici en se relayant ont été surnommés le « groupe du mausolée ». Leur travail consiste à maintenir la momie en bon état. Car l'aspect naturel, presque vivant, de la momie de Lénine nécessite de l'entretenir en permanence. Ainsi, tous les dix-huit mois, le mausolée ferme ses portes pour quelques semaines. Un monte-charge fait descendre la momie de Vladimir Ilitch dans les laboratoires. Avec d'infinies précautions, elle est déshabillée, puis plongée dans une baignoire. Le bain est composé d'un mélange savant d'alcool, de glycérine, de formol, d'acétate de potassium et de plusieurs autres produits. Sa formule exacte, restée secrète, est à la source de la magie qui conserve à la momie de Lénine sa plasticité et son aspect réaliste. À noter que le Centre des technologies biomédicales de l'Institut des plantes médicinales et aromatiques de Moscou, qui est en charge de la conservation du corps de Lénine, vend ses services pour 250 000 dollars aux amateurs qui souhaitent un traitement similaire.

En réalité, même physiquement, le véritable Vladimir Ilitch n'existe plus. Son sang, ses organes, sa peau ont été remplacés par des solutions chimiques ou des enveloppes synthétiques. Seuls les poils et les cheveux, dit-on, sont encore les siens. C'est le prix à payer pour conserver à la momie l'apparence qu'elle avait de son vivant. La méthode égyptienne consistait à conserver les matières organiques en les asséchant, au risque de voir le défunt se transformer en un mannequin sec comme du bois ou du vieux cuir. La méthode «Lénine» consiste, au contraire, à remplacer les matières organiques par des produits chimiques et des matières synthétiques. Les uns sacrifiaient les apparences à l'authenticité, les autres privilégient la permanence physique du leader à sa réalité organique. Il y a là une certaine logique. Comme l'embaumement royal, l'embaumement des leaders communistes n'a pas pour fonction de procurer l'immortalité au défunt, aussi prestigieux soit-il. Ce qu'on préserve, c'est l'idée, le symbole qu'il a incarné de son vivant et qu'il incarnera, identique à lui-même, tout au long de sa vie de momie.

Les dictateurs et leurs mausolées

En 1953, Staline rejoindra Lénine dans le mausolée de la place Rouge, momifié selon le même protocole. Mais la déstalinisation, consécutive au XXe congrès du PCUS, l'obligera en 1961 à déménager dans un petit cimetière situé à l'arrière du mausolée, où il sera enterré.

Presque naturellement, la plupart des régimes communistes pratiquant le culte de la personnalité adopteront les mêmes rites funéraires. Le président Mao, mort en 1976, avait pourtant souhaité être inciné. Peine perdue, on lui a construit un tombeau monumental sur la place Tian'anmen, où il repose embaumé. Décédé en 1969, le président Hô Chi Minh est conservé à Hanoi, dans un mausolée dont le style a été copié sur celui de Lénine. Le corps est conservé dans un cercueil réfrigéré, éclairé par des lumières discrètes. Les gardes veillent scrupuleusement au respect de l'ambiance quasi religieuse de recueillement qui règne dans le mausolée. Pas de conversations, pas de mains dans les poches, pas de bras croisés, pas de jupes courtes. Évidemment, la Corée du Nord ne fait pas exception à la règle. En 1994, à la mort de Kim Il-sung, le fils du dictateur, Kim Jong-il, transforme le palais présidentiel en mausolée. Résultat : c'est le plus vaste mausolée du monde communiste. Il est pourtant peu visité. Bizarrement, les visites sont réservées aux touristes, sur les circuits officiels uniquement.

En dehors de la Corée du Nord, la chute du communisme en 1989 semble avoir mis fin à cette tradition, inaugurée en 1924, de l'embaumement politique. Comment aurait-elle évolué si le communisme avait perduré ? Des hologrammes auraient-ils remplacé les dictateurs embaumés ? Des robots humanoïdes ? On aurait sans doute poursuivi et perfectionné ce souci de donner à l'embaumement des leaders politiques ce caractère « scientifique », revendiqué si fort par l'idéologie marxiste-léniniste, mais si bien adapté au culte quasi mystique de la personnalité.

7

Le philosophe embaumé

Qu'un pharaon se fasse momifier, on l'admet. Après tout, ce dieu vivant avait droit à son bout d'éternité. *Idem* pour un roi de France ou un leader politique. Ce qu'ils ont incarné ne pouvait se résoudre en poussière. Mais un philosophe, est-ce bien raisonnable ? C'est pourtant ce qui est arrivé en 1832 à Jeremy Bentham, anglais et touche-à-tout de la pensée, connu pour être l'un des pères (avec John Stuart Mill) de ce mouvement philosophique qu'on appelle l'utilitarisme.

De son vivant, Bentham a imaginé son après-vie comme seul un philosophe anglais pouvait l'imaginer : benoîtement installé sur sa chaise, habillé « cool », la main droite légèrement posée sur sa canne, coiffé d'un large chapeau de paille de gentilhomme-fermier, la tête légèrement relevée et le visage serein, affichant l'expression d'un homme qui a bien vécu, bien pensé et bien pensé ce qu'il a vécu. Une momie ? Non, Bentham ne se voyait pas en momie. Même si le mot existait déjà dans la langue anglaise, lui préférait parler d'« auto-icône ». Chacun, estimait-il, est libre de créer sa propre statue. *A fortiori* un philosophe de premier plan, soucieux de laisser sa trace et celle de ses idées dans l'histoire. Vous pouvez le découvrir, aujourd'hui encore, dans une aile de l'University College, dans le quartier de Bloomsbury au centre de Londres. C'est une des plus prestigieuses universités britanniques, fondée en 1826 pour faire pièce à ses concurrentes d'Oxford et de Cambridge. Bentham en est l'un des pères fondateurs, ce qui lui vaut ce petit cabinet où repose sa momie.

Extravagant Bentham !

Comment un philosophe du XIXe siècle en vient-il à précommander sa momie par testament ? Certainement pas par conviction religieuse. Bentham n'avait rien d'un esprit religieux, sa religion était celle du bonheur ici-bas et pour le plus grand nombre. Loin des idéologies et des idéologues, il préférait voir le monde par le petit bout de la lorgnette hédoniste, considérant que les hommes cherchent avant tout à maximiser leurs plaisirs et à minimiser leurs peines. Sur cette pierre, il a bâti une œuvre philosophique qui a fait de lui un des ancêtres du libéralisme moderne, un défenseur des libertés économiques et des libertés individuelles, de l'égalité entre les sexes, du droit au divorce, de l'abolition des châtiments corporels, etc. Bien avant le philosophe Peter Singer (qui se réclame d'ailleurs de Bentham), notre philosophe momifié fut aussi un précurseur de la bataille pour reconnaître des droits aux animaux, une problématique on ne peut plus moderne. Si l'on ajoute que Bentham a combattu les préjugés de ses contemporains contre l'homosexualité et que, invité à siéger à la Convention en 1792, il a proposé l'abolition de l'esclavage, le bonhomme apparaît plutôt sympathique.

Sympathique, mais un tantinet extravagant. Cet esprit rigoureux avait en effet mis au point une méthode de calcul des plaisirs et des peines, le *Felicific calculus*, supposée évaluer de manière quasi mathématique le poids hédoniste de chacun de nos comportements. Passons. Par ailleurs, sa vie sentimentale semble avoir eu la dimension charnelle de celle de son contemporain Emmanuel Kant (Bentham a sans doute été momifié vierge), mais c'est le droit des philosophes de préférer penser le plaisir plutôt que de s'y vautrer. Moins sympathique est l'épisode du *Panopticon*, rendu célèbre par l'introduction de Michel Foucault à son maître livre *Surveiller et punir*. Avec son Panoptique, Bentham entend édifier une prison idéale. Il s'agit d'un bâtiment circulaire, percé sur son pourtour de dizaines de cellules individuelles où sont logés les prisonniers. Le gardien prend place dans la tour centrale, équipée de larges baies vitrées. L'architecture générale du bâtiment permet au gardien d'observer chacun des prisonniers, cela sans qu'ils puissent savoir s'ils sont surveillés ou non. Ingénieux, mais diabolique. D'autant que Bentham avait imaginé que le gardien lui-même pouvait être observé par un autre surveillant et ainsi de suite. Bref, il ne suffisait pas à Bentham d'avoir des idées, il voulait aussi les inscrire dans le réel. Dans son esprit, le Panoptique était un système efficace de soumission « douce » des prisonniers, permettant leur future réinsertion. Foucault a montré au contraire que, sans le vouloir, Bentham préfigurait les systèmes modernes de contrôle (et d'autocontrôle) social.

Une momie philosophique

L'épisode de l'« auto-icône » est à peine moins extravagant. Là encore, le philosophe utilitariste entend incarner ses idées, cette fois sur sa propre personne. Si Bentham est mort en 1832, à quatre-vingt-quatre ans, sa décision de devenir une momie avait été prise depuis longtemps ; Bentham précise : depuis l'âge de vingt et un ans. Il montrait volontiers à ses amis les yeux de verre qui seraient utilisés un jour dans sa tête momifiée et qu'il gardait précieusement dans sa poche. Sa momification était donc un acte mûrement réfléchi. Et même, disons le mot, un acte philosophique. En quoi ? En fait, les motivations de Bentham étaient multiples. La première était de contribuer aux progrès de la science. Persuadé que les superstitions entourant la mort devaient être ignorées, il avait choisi de donner son corps à la science. Ce qui peut paraître banal aujourd'hui ne l'était pas du temps de Bentham. À l'époque, en Grande-Bretagne, seuls les criminels exécutés pourvoyaient en cadavres les amphithéâtres de médecine où les étudiants s'initiaient à l'anatomie par la dissection. Ce manque de cadavres était un frein non négligeable aux avancées de la médecine, à tel point que des brigands, bien vivants ceux-là, s'étaient spécialisés dans l'assassinat de braves gens, dans les ruelles mal famées de Londres ou d'Édimbourg, afin de les revendre aux médecins en mal de cadavres frais. Un film récent de John Landis (*Burke and Hare*, 2010) conte l'histoire vraie de deux immigrés irlandais, William Burke et William Hare, qui se livrèrent à ce peu reluisant trafic. Il faudra attendre un « Anatomy Act », promulgué peu de temps après la mort de Bentham, pour légaliser la possibilité de récupérer des cadavres non réclamés dans les prisons ou les hospices, ou tout bonnement de faire don de son corps à la médecine.

Bentham précéda le mouvement. C'est un appel d'un de ses amis, le médecin et réformateur Thomas Southwood Smith, publié en 1824 dans la *Westminster Review*, qui précipita sa décision. En bon utilitariste, il jugea plus utile, après sa mort, de permettre à des étudiants en médecine de disséquer son corps que de le gaspiller en le laissant pourrir en terre. Ce qui fut fait. Ce qui restait de Bentham, le squelette et la tête, fut décapé, rembourré avec de la paille, de la laine, du coton, du papier. Puis la pseudo-momie fut habillée et installée sur la fameuse chaise. Sa tête, traitée et réduite à la manière des Jivaro, fut d'abord placée sur ses épaules. Elle était si mal embaumée et si effrayante, dit-on, qu'on préféra la remplacer par une tête de cire (celle qu'on voit actuellement), la vraie tête de Bentham étant disposée d'abord entre ses jambes, puis – parce qu'elle était vraiment très vilaine, il en existe des photos sur Internet, elles valent le coup d'œil – conservée dans un coffre à l'abri des regards. Mais cela, ce sont des détails. La pseudo-momie de Bentham, elle, proclamait fièrement sa foi utilitariste dans les progrès de la science.

Une momie athée

L'« auto-icône » de Bentham s'ancre aussi dans son athéisme, discret mais profond. Ses convictions utilitaristes avaient du mal à coexister avec les gaspillages inutiles, en temps et en efforts, imposés aux citoyens ordinaires par les religions organisées. Faire cadeau de son corps à la médecine, puis momifier le reste en l'exposant publiquement, avait l'allure d'un pied de nez philosophico-utilitariste à l'impératif religieux d'enterrer les morts, un acte symbolique qui s'accompagnait nécessairement, pour des bourgeois comme Bentham, d'un don d'argent à l'Église.

Enfin, la momie philosophique de Jeremy Bentham ressemblait à son propriétaire : elle était pleine d'humour, de cet humour « *deadpan* » dans lequel les Anglais sont passés maîtres. C'est d'ailleurs ce qu'on a envie d'en retenir aujourd'hui, bien plus que son aura « utilitariste », un peu dépassée. De toutes les momies que nous avons passées en revue, depuis les temps reculés de l'Égypte ancienne, en voilà une qui a de l'humour. Les professeurs de l'University College de Londres ne s'y sont pas trompés. Lors des assemblées importantes de l'université, à l'heure de passer au vote, il est consigné dans les comptes rendus que Jeremy Bentham était « présent, mais n'a pas voté ».

8

Momiemania

Pendant que l'embaumement mémoriel, en Occident, désacralise la momification en oubliant sa fonction magique originelle, qui était de garantir l'éternité, les momies égyptiennes ont un destin singulier. Objets de curiosité dans un premier temps, elles vont devenir, l'«égyptomania» aidant, des objets culturels majeurs dans la pop culture, rejoignant les mythes du loup-garou, de l'homme invisible ou du vampire. Cette transformation s'est opérée en trois temps: les momies vont d'abord devenir des figures de la littérature populaire du XIXe siècle. Puis, dans un second temps, elles font la une des magazines à grand tirage avec l'affaire de la «malédiction des pharaons». À partir de là, le mythe de la momie explose au cinéma. Les momies, surgissant décharnées de leurs tombes, vont hanter les cinéastes et les spectateurs jusqu'à une période récente, qui verra les momies détrônées par d'autres morts vivants, bien plus adaptés à l'air du temps : les zombies.

Égyptomania

Tout avait pourtant bien mal commencé. Au retour des croisades, les momies égyptiennes étaient arrivées en Occident réduites en poudre. Les Arabes – allez savoir pourquoi – attribuaient à la poudre de momie la vertu de guérir les petites maladies bénignes comme les maux de tête ou les maux de gorge. La mode se répand aussitôt dans les cours royales, l'exotisme des momies attribuant aussi à cette poudre des vertus aphrodisiaques. Puis ce sont des momies entières qui débarquent, pour servir d'engrais dans les champs ou de combustible pour les machines à vapeur. Rien, là, de bien glorieux.

Tout change au début du XIXe siècle. Après l'expédition de Bonaparte en Égypte (1798), après les épais volumes du *Voyage dans la Basse et la Haute Égypte* de Vivant Denon (qui ont connu quarante rééditions au cours du XIXe siècle), après surtout les découvertes majeures de Jean-François Champollion, l'Europe occidentale est en proie à un petit délire qu'on a appelé l'égyptomania et qui se traduit, particulièrement en France, par une fascination immodérée pour l'Égypte antique. Les motifs égyptiens envahissent les objets de décoration, comme les meubles ou les porcelaines. La poésie elle-même (Victor Hugo, Leconte de Lisle, José Maria de Heredia) se colore d'égyptomania. Vers la fin du XIXᵉ siècle, l'égyptomania est encouragée par les premières agences de tourisme qui proposent des croisières sur le Nil, de Louxor à Abou-Simbel. Parallèlement, l'égyptologie devient une discipline à part entière, enseignée dans les universités. Elle a aussi ses aventuriers, qui parcourent la vallée du Nil à la recherche des derniers secrets des pharaons.

Certes, l'égyptomania a eu ses vertus, drainant l'intérêt d'Occidentaux volontiers européocentristes sur une autre civilisation. Mais, comme toutes les modes, elle n'a pas évité les excès, survalorisant l'apport de la civilisation égyptienne au détriment d'autres civilisations comme celles de la Mésopotamie. Dans un brûlot volontairement polémique (*L'Égyptomanie, une imposture*), l'encyclopédiste Roger Caratini estimait ainsi à peu de chose l'apport des Égyptiens à la civilisation et réduisait la fascination exercée par l'Égypte ancienne à une quête de sens et de croyances par un Occident désenchanté.

Dans ce cadre de l'égyptomania, les momies égyptiennes occupent évidemment une place de choix, ravivée par la découverte, en 1881, de la cachette où résidaient les momies des plus grands pharaons de l'Égypte ancienne, comme Ramsès II, Ahmôsis, Thoutmôsis III, Aménophis Ier, etc.

Les romans des momies

Dès le début du XIXe siècle, les momies deviennent des personnages de roman. La première momie de fiction apparaît en 1827 dans un roman de Jane Webb, *La Momie, un conte du XXIIe siècle*. Le titre est explicite, il s'agit d'un roman d'anticipation qui se déroule en 2127, en Angleterre. À la manière du *Frankenstein* de Mary Shelley, publié quelques années auparavant, un savant à moitié fou part pour l'Égypte en ballon et entreprend de ressusciter le pharaon Khéops dans sa pyramide, au moyen de l'énergie électrique. Mais le plan tourne court. La momie s'échappe de sa tombe et utilise le ballon pour gagner l'Angleterre. La suite est un méli-mélo d'aventures et de roman gothique.

Publié en feuilleton en 1857, *Le Roman de la momie*, du Français Théophile Gautier, nous conte l'histoire de la momie Tahoser, jadis une belle et jeune femme. Le pharaon de l'époque tombe amoureux d'elle, mais comme il s'agit du pharaon de l'Exode, il périt dans les eaux de la mer Rouge en poursuivant Moïse et ses Hébreux, comme le raconte la Bible. Tahoser – au mépris de toute vérité historique – devient alors reine d'Égypte et, comme toutes les reines, se fait momifier.

L'histoire s'arrête là. La momie, chez l'écrivain français, n'a rien de monstrueux, elle sert de prétexte à plonger le lecteur dans l'Égypte des pharaons, avec le degré de réalisme dont on était capable en 1857. Dans le roman de Conan Doyle *L'Anneau de Toth* (1890) apparaît pour la première fois le thème de l'immortel tombant amoureux d'une mortelle. Sosra, un prêtre rendu immortel grâce à un élixir magique, retrouve son aimée momifiée au musée du Louvre. Incapable de supporter cette vision, il la rejoint dans la mort.

Mais le grand classique des romans de momies reste *Le Joyau des sept étoiles* (1903), de l'écrivain anglais Bram Stoker, écrit après son fameux *Dracula*. La momie de Tara, une princesse égyptienne, prend peu à peu possession de l'esprit de Margaret, la fille d'un égyptologue. Là encore apparaît un thème qui fera fortune au cinéma : la « connexion » d'esprit à esprit entre une momie égyptienne et une femme d'aujourd'hui.

Remarquons que, jusque-là, la figure de la momie reste une figure romantique, témoin d'une antique civilisation, fascinante par les pouvoirs occultes qu'elle possède. Mais ce n'est pas un monstre. Pour que les momies deviennent des monstres dans la pop culture, il faudra un ingrédient supplémentaire. Il arrive en 1922. Cette année-là, en effet, une découverte archéologique de première importance porte l'égyptomania au pinacle et fait apparaître un aspect totalement inédit des momies égyptiennes : leur supposé pouvoir maléfique. C'est le thème bien connu de la malédiction des pharaons, ou de la malédiction de la momie (*Mummy's curse*).

Le duo de Toutankhamon

Ils étaient deux. Quand on évoque la découverte de la tombe de Toutankhamon, en 1922, on ne retient généralement que le nom de l'archéologue Howard Carter. En fait, ils étaient deux. L'autre membre du duo s'appelle George Edward Stanhope Molyneux Herbert, cinquième comte de Carnavon. Lord Carnavon nourrissait une vraie passion pour l'Égypte antique. Comme il possédait une grande fortune, il obtint en 1906 un permis pour réaliser des fouilles dans la Vallée des Rois. C'est alors qu'il rencontre un autre Anglais, lui aussi amoureux de l'Égypte, l'archéologue Howard Carter. Pendant seize ans, les deux hommes vont avoir une idée fixe : trouver le tombeau d'un obscur pharaon de la XVIIIe dynastie, Toutankhamon.

Nous sommes en 1922. Carnavon, un peu découragé, est rentré en Angleterre, Carter fait une dernière tentative dans la Vallée des Rois. Le 4 novembre, un fellah trouve quelque chose. C'est l'amorce d'un

escalier. En quelques heures, les marches sont déga-
gées. Carter ne va pas plus loin, il envoie un télé-
gramme en Angleterre à lord Carnavon. Il attend donc
trois semaines pour faire de la découverte, selon les
accords conclus avec Carnavon, une œuvre commune.
Le 23 novembre, Carnavon arrive dans la Vallée des
Rois, accompagné de sa fille lady Evelyn Herbert.
Les travaux reprennent le lendemain. Avec fébrilité,
Carter donne les derniers coups de burin qui ouvrent
une brèche dans le mur. À la lumière des torches, les
deux hommes découvrent un entassement indescrip-
tible d'objets : une tombe inviolée depuis trente-deux
siècles !

Avant de percer une nouvelle cloison pour trouver
le sarcophage, les archéologues déménagent soigneusement toutes les pièces de la première chambre. Il
faut attendre plusieurs mois pour procéder à l'ouverture officielle de la chambre funéraire, en présence
d'une vingtaine d'invités triés sur le volet. Une nouvelle fois, les pioches attaquent la paroi du tombeau.
Alors les merveilles succèdent aux merveilles. D'abord
un mur d'or et de pâte de verre lapis-lazuli. Ce mur est
l'enceinte d'une série de quatre coffres dorés inclus
les uns dans les autres comme des poupées russes. Le
premier coffre est ouvert, mais le deuxième est fermé
par un sceau intact. Carter ne va pas plus loin. Le
18 février 1923, Élisabeth de Bavière, troisième reine
des Belges, vient rendre visite aux archéologues. Le

monde entier attend alors le dernier acte : la découverte du sarcophage de Toutankhamon.

Hélas, l'exploration se poursuivra sans lord Carnavon, qui meurt subitement des suites d'une infection, six semaines seulement après l'ouverture de la tombe. À partir de là va naître la légende de la malédiction des pharaons.

La malédiction des pharaons

Car une étrange rumeur fait la une des journaux : lord Carnavon aurait été frappé à mort par une antique malédiction égyptienne, destinée à punir les pilleurs de tombes. On dit aussi qu'au moment de la mort de lord Carnavon, les lumières du Caire se sont éteintes. Dans les jours qui suivent, le British Museum aurait été envahi par des collectionneurs de momies ou de vestiges de momies, soucieux de se débarrasser de ces objets maléfiques. Ce n'est pas tout, lord Carnavon n'est que le premier de la liste des victimes de la vengeance de la momie. Quatre mois après lui, son demi-frère disparaît. Puis vient le tour d'un radiologue qui avait examiné la momie. Puis un collaborateur d'Howard Carter, qui met fin à ses jours. Vingt-sept personnes en tout en douze ans. Bizarrement, Howard Carter semble en bonne santé et attendra 1939 pour mourir d'une banale cirrhose du foie ! À ce stade, il nous faut examiner deux problèmes : les « malédictions des pharaons » ont-elles existé ? Et de quoi ont bien pu mourir les égyptologues qui ont travaillé sur la momie de Toutankhamon ?

Au département des antiquités égyptiennes du musée du Louvre, nous avons rencontré le conservateur Christophe Barbotin. Il a décrypté plusieurs malédictions proférées par les prêtres contre les pilleurs de tombes. En voici une : « Tous ceux qui feront quelque chose de mal contre cette tombe, le crocodile sera contre eux sur terre, le serpent sera contre eux sur terre, l'hippopotame sera contre eux dans l'eau, le scorpion sera contre eux sur terre. » C'est une malédiction, oui, mais pas à la Christopher Lee ! Elle ne déclenche pas les pouvoirs destructeurs de la magie et des momies contre les malheureux égyptologues comme lord Carnavon. Pour Christophe Barbotin, les malédictions des anciens Égyptiens n'avaient rien à voir avec les malédictions du cinéma parce qu'elles ne portaient que sur des choses extrêmement concrètes et simples. Il ne faut jamais oublier que les Égyptiens étaient d'abord des paysans et que leur univers mental se bornait à ce qui faisait la vie quotidienne du paysan. Par exemple, on menacera un délinquant éventuel d'être privé d'offrandes dans sa tombe, ce qui le condamne à la mort perpétuelle, de ne pas transmettre sa charge à ses enfants ou même, pire encore, que sa femme soit violée par un âne, qui est l'animal du dieu Seth, honni dans la mythologie égyptienne.

Micro-organismes

Oublions donc les malédictions faisant appel à la magie. Dans ces conditions, de quoi sont morts les égyptologues qui ont travaillé sur la tombe de Toutankhamon ? Longtemps, on a pensé à des micro-organismes, des moisissures qui auraient pu provoquer des maladies foudroyantes. Dans le cadre de notre enquête, nous avons rendu visite au Pr Patrick Berche, chef de service de microbiologie de l'hôpital Necker-Enfants malades, à Paris. Parmi les bactéries incriminées, il y a une moisissure, *Aspergellus niger*. C'est un champignon très répandu dans la nature, qui a la propriété de pouvoir survivre pendant des siècles et des millénaires sous forme de spores dormantes. Inhalés, ces champignons provoquent des réponses allergiques violentes, qui peuvent être fatales en cas d'aspergellose invasive sur des sujets immuno-déprimés. Ce champignon, qui épuise l'organisme jusqu'à le tuer, hante de nombreux endroits clos comme les tombeaux, et pas seulement en Égypte. En 1973, par exemple, douze archéologues ont exhumé le corps du roi de Pologne Casimir IV. Sur les douze archéologues, dix sont morts dans

173

les trois à quatre jours qui ont suivi. Ils avaient inhalé des champignons du type *aspergellus*.

Avec cette moisissure mortelle, avons-nous la clé de l'énigme ? Est-ce la vraie malédiction de Toutankhamon ? Patrick Berche n'y croit pas. D'abord parce que Howard Carter, quand il a ouvert la tombe en 1922, a fait de nombreux prélèvements bactériologiques et de champignons qui se sont révélés négatifs, à l'exception d'un contaminant d'origine humaine. La deuxième raison est la survie des gens qui ont visité la tombe. On a calculé que la moyenne de survie des visiteurs de la tombe *après* leur visite s'échelonnait entre vingt et un et vingt-huit ans.

La majorité des visiteurs a donc bénéficié d'une survie normale. Quant à la mort fameuse de lord Carnavon, elle s'explique avant tout par sa mauvaise santé. Il est mort le 17 mars 1923 des suites d'une piqûre de moustique qui s'est infectée et a provoqué une septicémie. Il faut préciser que lord Carnavon était de santé fragile. S'il venait en Égypte, c'était aussi pour se soigner à la suite d'un accident de voiture qu'il avait eu en Angleterre. On le voit bien sur les photographies de 1922. Lorsqu'il descend du train ou qu'il marche dans la Vallée des Rois, il s'aide d'une canne. Ce n'était pas un homme en bonne santé. La septicémie aura eu raison de son organisme fatigué.

La clé de l'énigme

Si aucune hypothèse ne tient, que reste-t-il au bout du compte de cette histoire de malédiction ? Aujourd'hui, les soupçons se portent sur deux personnes : la première est bien connue, c'est Conan Doyle, l'auteur de Sherlock Holmes. C'était un amateur d'ésotérisme, il a trouvé dans cette histoire de malédiction tous les ingrédients qu'il aimait mettre dans ses romans. C'est notamment lui qui a propagé la rumeur selon laquelle, à la mort de lord Carnavon, les lumières du Caire se seraient éteintes. Puisque c'est dans les journaux et puisque c'est Conan Doyle en personne qui le dit, comment le bon peuple n'y ajouterait-il pas foi ?

Mais la vraie responsable de la légende de la «malédiction des pharaons» s'appelle Marie Corelli. Totalement oubliée aujourd'hui, férue d'occultisme, elle publia elle aussi des romans où intervenaient des momies vengeresses. En mars 1923, elle apprend par la presse que lord Carnavon est tombé malade à cause d'une infection. Elle écrit alors une lettre ouverte qui est publiée dans les journaux de Londres et de New York. En voici la teneur :

«Je ne puis m'empêcher de penser qu'il était risqué de pénétrer dans la tombe d'un roi en Égypte. Je possède un livre très rare, intitulé *L'Histoire égyptienne des pyramides*, dans lequel il est précisé qu'une punition terrible frappera les profanateurs d'un tombeau scellé. Des poisons, cachés discrètement dans des boîtes, terrasseront les intrus sans qu'ils le sachent. Voilà pourquoi je demande : est-ce bien une piqûre de moustique qui a si gravement infecté lord Carnavon ? » Et elle cite une formule égyptienne : « La mort vient, sur ses ailes, punir celui qui pénètre dans la tombe d'un pharaon. »

Rappelons que, lorsque Marie Corelli publie cette lettre, lord Carnavon est encore vivant. Malade, mais vivant. Deux semaines après, lord Carnavon rend son dernier soupir. Il serait malséant de dire que la nouvelle remplit Marie Corelli de joie, mais c'est tout comme. En tout cas, sa prédiction semble s'être réalisée, tous les journaux s'en font l'écho. La malédiction des pharaons vient de prendre son essor.

Momies maléfiques

À partir de là, le visage des momies change radicalement. Les momies deviennent des monstres. En fait, dans l'imaginaire collectif, elles deviennent les ancêtres des zombies d'aujourd'hui. Des morts vivants, à la démarche titubante, animés d'intentions douteuses. Un psychanalyste pourrait nous expliquer qu'elles ont partie liée avec la mort, qu'elles portent en elles le désarroi que nous éprouvons tous devant la décomposition et la pourriture qui menacent la vie. Sans doute, mais l'épisode Carnavon-Marie Corelli a beaucoup fait pour leur donner leur redoutable visage. Les momies deviennent à présent les exécuteurs testamentaires (au sens fort du mot « exécuteurs ») des pharaons de l'ancienne Égypte. Elles se chargeront, immortelles et invincibles, de massacrer tous les contrevenants.

Cette transformation se fera à travers le cinéma. Dès le début du XIXᵉ siècle, les momies avaient fait leur apparition au théâtre, dans des rôles épisodiques. Mais c'est avec le cinéma qu'elles accèdent aux premiers rôles. Une curiosité : la première momie cinématographique est française, due au cinéaste Georges Méliès. Elle apparaît en 1899 dans un court métrage, *Cléopâtre.* Hélas, le film a été perdu.

Et Karloff vint…

Mais c'est en 1932 que les studios Universal produisent le film qui restera le grand classique des films de momies : *The Mummy*, avec Boris Karloff. 1932, c'est dix ans à peine après 1922 et la découverte de la momie de Toutankhamon. D'ailleurs le scénariste du film, John Balderston, avait couvert journalistiquement l'ouverture de la tombe de Toutankhamon par Howard Carter.

Le rôle de la momie fut spécialement créé pour la nouvelle star du film d'épouvante Boris Karloff, frais émoulu du *Frankenstein* de James Whale, réalisé l'année précédente. Son visage de momie était inspiré par la vraie momie de Ramsès III, conservée au musée du Caire. Huit heures étaient nécessaires pour maquiller l'acteur en momie. Des témoins ont dit que lorsque Boris Karloff se rendit pour la première fois, maquillé en momie, sur le plateau de tournage pour la grande scène de la résurrection, l'équipe du film eut un mouvement de recul, tant la momie Karloff était saisissante. Le public aussi fut impressionné, pourtant la momie n'apparaissait qu'une minute sur l'écran.

L'argument deviendra un archétype. La princesse Ânkhésenamon vient de mourir. Mais son amant, le prince Imhotep, ne peut accepter sa disparition. Il dérobe donc le *Livre des Morts*, réservé au seul pharaon, pour lui rendre la vie. Hélas pour lui, il est fait prisonnier et condamné à être enterré vivant. Quarante siècles passent. Un groupe d'égyptologues, qui fouille dans la Vallée des Rois, découvre une tombe inconnue. Dans le silence de la tombe, en lisant à haute voix quelques formules du *Livre des Morts*, le jeune égyptologue réveille sans le vouloir la momie d'Imhotep. La suite est plus banale et se termine évidemment par la destruction de la momie.

Le plus remarquable, dans ce film, est le souci porté à l'authenticité des décors et des accessoires. C'est

Hollywood, mais avec un bon conseiller historique, en l'occurrence le scénariste lui-même, qui s'est largement inspiré de la tombe de Toutankhamon. Les objets, les statues, les meubles trouvés dans la tombe ont une allure authentique. *Idem* pour le papyrus du *Livre des Morts*, copie du vrai *Livre des Morts* égyptien. Le film fut un immense succès en 1932, pas seulement parce que la momie était effrayante et spectaculaire, mais parce que le comédien Boris Karloff avait su lui donner une touche d'humanité qui la rendait tout à la fois terrifiante et émouvante.

La momie prend des couleurs

« Tout ce qui a marché un jour remarchera », tel est l'adage des producteurs de cinéma, à Hollywood et ailleurs. C'est ainsi que, à partir de 1957, une petite société anglaise, la Hammer Films, décide de produire des remakes en Technicolor des grands films d'épouvante américains des années 1930. Cela commence avec *The Curse of Frankenstein* (*Frankenstein s'est échappé* en France), puis *Horror of Dracula* (*Le Cauchemar de Dracula*), et enfin *The Mummy* (*La Malédiction des pharaons*) en 1959. Tous ces films sont tournés en couleurs (magnifique photo de Jack Asher), bénéficient de décors soignés (Bernard Robinson) et d'une bande sonore terrifiante (James Bernard). Ils sont interprétés par deux comédiens légendaires : Christopher Lee et Peter Cushing. Quant à la réalisation, elle est signée Terence Fisher, qui deviendra un réalisateur culte auprès des amateurs du genre. Que vaut donc cette *Mummy* de 1959, remake du film de 1932 ? Honnêtement, ce n'est pas le meilleur film de la série Hammer. Les comédiens (hormis Cushing et Lee) sont plutôt médiocres, les décors cheap, la réalisation assez plate. Mais il y a, dans ce *Mummy*, des éclairs de violence qui surprennent et qui continuent, aujourd'hui encore, à impressionner. Christopher Lee, par sa haute taille et sa prestance, compose une momie différente de celle de Boris Karloff, mais tout aussi émouvante, particulièrement quand les bandelettes de son visage laissent entrevoir un peu du désarroi de son regard.

La métamorphose

C'est en 1999 que la momie, via un film à grand spectacle de Stephen Sommers, rencontre la 3D. C'est, encore une fois, un remake du film de 1932, mais sur le mode parodique. On y retrouve le prêtre Imhotep, amoureux d'une princesse, condamné par le pharaon à une mort horrible (mais alors là, vraiment horrible). Imhotep revient évidemment à la vie trente-deux siècles plus tard, et s'en prend à tout ce qui bouge. Ce qu'il faut noter, c'est l'apparence de la momie, qui a perdu ses bandelettes. Cette fois, la 3D transforme notre momie en une créature zombiesque, dont la férocité vaut bien celle des morts vivants, d'autant que la momie se revivifie en dévorant les membres et les chairs de ses victimes. Avec ce film et les suivants (*Le Retour de la momie* et *La Tombe de l'empereur Dragon*), la transformation, via les déluges d'effets spéciaux, est achevée. Les momies, qui ont perdu leurs bandelettes d'antan, sont devenues des zombies. Elles ont pris un coup de jeune.

LES MOMIES DE LA SCIENCE

1

Les momies cryogénisées

Aujourd'hui, sans le savoir, nous sommes peut-être en train d'inventer une nouvelle espèce de momie : les momies vivantes de la science. « Vivantes », car elles nous promettent l'impossible : l'éternité, sans passer par la case « mort » !

Vaincre la mort ou prolonger la vie ?

Qu'on le reconnaisse ou non, nous avons la même obsession que les anciens Égyptiens, l'éternité nous habite. C'est si court, une vie ! Le problème, c'est que nous sommes devenus sceptiques, nous ne croyons plus guère à la magie. Revivre, après la mort du corps, dans le monde des dieux (ou auprès de Dieu, le nombre ne fait rien à l'affaire), certes, mais pour ceux qui ont la foi chevillée au corps. Aujourd'hui ils se font rares, au moins dans ce domaine de la survie après la mort. Les autres préfèrent s'en remettre plus prosaïquement à la science. Mais si la science peut beaucoup pour prolonger notre vie, comment peut-elle nous aider à vaincre la mort ?

La réponse est évidente : elle ne le peut pas, au moins s'il s'agit de ressusciter un organisme mort. L'arrêt cardiaque provoque à très court terme la mort cérébrale, qui déclenche dans l'organisme des dégâts irréversibles. Les chercheurs qui ont travaillé sur le sujet décrivent une véritable tempête neuronale qui se déclare dans le cerveau, détruisant irrémédiablement toutes les aires indispensables à la vie. Tout ce qui faisait d'un corps biologique une personne consciente vole en éclats : ses émotions, ses rêves, ses désirs, mais aussi le contrôle de son système cardio-vasculaire ou de ses systèmes pulmonaire ou digestif. Aucune science, même la plus avancée, ne saurait remédier à cette catastrophe cérébrale.

Ce que peut faire la science, en revanche, c'est prolonger la vie. Mais combien de temps ? Nous savons que l'espérance de vie, depuis un siècle, a sensiblement progressé. En France, entre 1900 et 2000, elle est passée en moyenne de quarante-huit à soixante-dix-neuf ans. Les progrès de la médecine, les antibiotiques, les allègements du temps de travail, la réduction des carences alimentaires ont joué un rôle majeur. Cette progression n'est pas linéaire, car on a constaté en 2015 une légère régression. Dans l'ensemble, pourtant, le mouvement devrait se poursuivre. Néanmoins il ne nous mènera pas très loin. Plus de centenaires, sans doute, en 2050, ce qui nous laisse très loin de l'éternité !

Anti-âge ?

Depuis quelques dizaines d'années, les mouvements « anti-âge », nés dans les années 1960 sur la côte ouest des États-Unis, nous promettent un bond en avant de la longévité. L'idée consiste à considérer le vieillissement comme une maladie dont il s'agirait de comprendre les causes, puis de trouver les bons moyens de le combattre. J'ai personnellement pu rencontrer, au cours de la réalisation d'une émission sur ce thème pour Canal +, quelques-uns des promoteurs du mouvement, notamment Roy Walford (aujourd'hui décédé) et le couple Durk Pearson et Sandy Shaw, auteurs d'une bible sur le sujet : *L'Allongement de la vie*. Pendant plusieurs décennies, ils ont absorbé quotidiennement une quantité impressionnante de vitamines et d'hormones baptisées « suppléments alimentaires », destinées à aider leur organisme à lutter contre la rouille de l'âge. Rencontrés vingt ans plus tard, ils paraissaient en bonne santé, mais pas plus que cela. Sans doute ont-ils glané quelques années en plus, ce qui n'est déjà pas si mal.

Aujourd'hui, la recherche sur les causes du vieillissement a encore progressé, notamment celle qui prend en compte les cellules souches et, dans le domaine génétique, les télomères, ces capuchons protégeant l'extrémité de nos chromosomes, dont l'usure pourrait expliquer, en partie, celle de nos organismes. Une enzyme, la télomérase, pourrait permettre de lutter contre cette usure et donc faire reculer sensiblement les dommages causés à notre ADN, et par suite aux cellules dont ils commandent la reproduction. Autre piste : dans les laboratoires de biotechnologie, comme à Harvard, des chercheurs tel David Sinclair travaillent sur une molécule, le NAD, qui pourrait donner aux mitochondries de nos cellules la possibilité de fonctionner à plein régime et nous rendre un peu de notre jeunesse perdue. Ce que David Sinclair a réussi sur des mitochondries de souris pourrait-il être transposable à l'homme ? Le chercheur estime que oui. Des gérontologues optimistes, comme le Dr Christophe de Jaeger, parlent à présent de la conquête de la TGL, un acronyme pour « très grande longévité ». Admettons qu'ils soient dans le vrai. L'espérance de vie pourrait progresser sensiblement et permettre à quelques chanceux d'atteindre allègrement les cent vingt ou cent cinquante ans. C'est bien, mais nous sommes encore loin de l'immortalité.

La vérité, c'est que nous n'en sommes qu'au début. L'élucidation des mécanismes du vieillissement n'a fait que quelques pas, et ils ne sont pas négligeables. Mais il reste un long chemin à parcourir pour arriver au but : guérir la vie de la mort, si cette phrase a un sens (elle en a, en tout cas, dans l'esprit de ces « biologistes de l'éternité », comme ils se baptisent plaisamment entre eux).

Pour les momies égyptiennes, c'était simple. On mourait, on se faisait embaumer et, à l'achèvement des rituels, on passait illico dans l'autre monde. Pour nous, qui aimerions prolonger la seule vie que nous avons beaucoup plus longtemps, l'unique alternative semble être de patienter jusqu'à ce que la science ait résolu l'énigme du vieillissement et trouvé les moyens d'y parer. Patienter, mais combien de temps ? Cinquante ans ? Cent ans ? Dans ce cas, nos arrière-arrière-arrière-petits-enfants en profiteront peut-être, alors que, nous, nous serons transformés, et depuis longtemps, en poussière. Cependant les humains sont ingénieux, surtout quand il s'agit de réaliser leurs fantasmes. Et ils ont trouvé une astuce : attendre le temps qu'il faudra, oui, mais en restant en vie. Comment est-ce possible ? En se faisant congeler, bien sûr !

L'hibernation de la science-fiction

Comme souvent, c'est l'imagination qui a joué les têtes chercheuses. Dans les magazines «pulp» de science-fiction des années 1930, les *space operas* proposaient un moyen original pour traverser les gouffres immenses de l'espace, qui se chiffrent en années-lumière : l'hibernation. Attention, il ne s'agit pas de l'hypothermie banale des ours ou des marmottes. Eux se contentent d'abaisser légèrement leur température interne pour ralentir leur métabolisme, ce qui représente une manière économique de passer en dormant les quelques mois d'hiver au cours desquels la nourriture est rare. Les héros de la science-fiction font bien mieux que ça. Ils confient leurs organismes au froid (en général, le froid de l'azote liquide à - 196 °C) pour dormir pendant des mois, des années, voire des siècles ou des millénaires, le temps d'effectuer leurs très longs voyages dans l'espace. Au cinéma on les voit, dans le premier *Alien* de Ridley Scott, s'éveiller après le long et froid sommeil qui leur a permis de traverser la galaxie pendant des années-lumière. Un peu courbaturés, certes, on le serait à moins après des mois de sommeil, mais en bonne forme. À preuve le solide petit-déjeuner qu'ils se dépêchent d'avaler dans la séquence suivante. Auparavant, l'hibernation avait joué un petit rôle dans le *2001* de Stanley Kubrick, puisque l'équipe de scientifiques qui hibernaient dans le vaisseau spatial en route pour Jupiter est victime, après le cosmonaute Frank Poole, des agissements malveillants de l'ordinateur HAL 9000.

Pour la science-fiction, l'hibernation a longtemps été le moyen de concilier la brièveté de la vie humaine avec l'immensité de l'univers. Elle est plus ou moins remplacée, dans la science-fiction moderne, par le concept d'hyperespace ou de «trous de ver», permettant aux voyageurs de percer le continuum spatio-temporel pour gagner instantanément une région très éloignée de l'univers. Mais l'astuce de l'hibernation a permis, dans les nouvelles et les romans de science-fiction, d'imaginer des situations souvent drôles, telle celle de ce couple qui place 100 dollars sur un compte privé dans une banque, puis se met en état d'hibernation dans une grotte dissimulée au sommet d'une montagne et se réveille de son long sommeil au XXIIe siècle. Le monde est toujours là, la banque aussi (c'était une banque solide). Évidemment, les petites économies du départ se sont transformées en millions de dollars. Ce que la jeune femme ignore, c'est que le rhume banal qu'elle avait au XXe siècle est devenu une maladie inconnue au XXIIe siècle, qui décime en quelques jours toute la population, laissant notre couple riche, certes, mais bien seul sur la planète !

Les embryons de l'éternité

L'idée de l'hibernation est astucieuse dans le domaine de la science-fiction. Mais que nous dit la science ? Eh bien, elle nous dit que c'est possible, mais elle précise : c'est possible quand les organismes se résument à quelques cellules, comme dans le cas des embryons congelés. Au CECOS de l'hôpital Cochin, par exemple, des centaines d'embryons humains attendent d'être implantés pour donner naissance à de beaux bébés.

Dès que la FIV (fécondation in vitro) est devenue opérationnelle, dans les années 1980, s'est posé le problème des embryons surnuméraires. Classiquement, deux embryons sont utilisés pour une fécondation, mais que faire des autres ? Les détruire ? On l'a fait au début, mais en déplorant ces pertes qui auraient pu servir à une nouvelle grossesse ou à un nouveau transfert en l'absence de grossesse. La technique de la cryoconservation, mise au point dès 1983, a prouvé que les embryons congelés dans l'azote liquide à - 196 °C pouvaient se conserver et survivre sans dommage jusqu'à une nouvelle insémination. C'est aujourd'hui une technique parfaitement maîtrisée.

En général, la congélation s'effectue quand l'embryon n'a que 4 ou 8 cellules. Comme il est surtout formé d'eau, il faut trouver le moyen d'éviter l'apparition de cristaux de glace qui pourraient déchirer les membranes cellulaires. Pour cela, les cryobiologistes utilisent un cryoprotecteur qui joue le rôle d'un antigel cellulaire. L'embryon est placé dans une paillette en plastique de 13 centimètres de longueur et de 2 millimètres de diamètre, puis on abaisse progressivement la température jusqu'à - 196 °C. On le stocke alors dans l'azote liquide.

Il y a quelques années, nous avions rencontré au CECOS le Pr Pierre Jouannet, biologiste de la reproduction, membre de l'Académie nationale de médecine et du comité d'éthique de l'INSERM. D'entrée de jeu, nous lui avions posé la question : Combien de temps, théoriquement, peut se conserver un embryon congelé ? La réponse n'avait pas tardé :

« Je dirais indéfiniment.

– Des centaines d'années ?

– Sûrement très longtemps. Nous n'avons pas de recul pour le savoir, mais en sachant que, à - 196 °C, dans l'azote, il ne se passe pratiquement rien au niveau cellulaire, on a toutes les raisons de penser qu'il est possible de garder ces cellules pendant très très longtemps. »

On peut donc imaginer que des embryons conçus aujourd'hui puissent voir le jour dans des centaines, voire des milliers d'années. Les juristes de demain et les professionnels de la métaphysique ont du pain sur la planche. Le plus étonnant vient ensuite. Si le temps et l'usure ne peuvent rien contre lui, qu'est-ce qui pourrait venir à bout d'un embryon congelé ? Le Pr Jouannet avait réfléchi quelques secondes et il avait avancé une hypothèse : le rayonnement cosmique, dont les particules très énergétiques pourraient, après des milliers d'années, finir par endommager l'ADN des cellules de l'embryon, même à l'état congelé. Incroyable ! Il faut convoquer les rayons cosmiques, émis depuis des distances intergalactiques par des étoiles en fin de vie ou des collisions d'étoiles à neutrons pour venir à bout des indestructibles embryons congelés ! L'éternité ? Franchement, on n'en est pas loin.

Évidemment, un embryon n'est pas une personne, seulement la promesse d'une personne. Pourtant, la question est posée : ce que la science fait pour un embryon, pourrait-elle le faire, demain, pour un organisme humain entier ?

L'aventure de la cryogénisation

À cette question, depuis un demi-siècle, près de trois cents personnes dans le monde ont répondu positivement. Ces audacieux dorment, congelés dans des cercueils d'aluminium remplis d'azote liquide à - 196 °C. Et dix fois plus de candidats au long sommeil ont signé un contrat avec une société de cryogénisation comme le Cryonics Institute ou Alcor Life

Extension Foundation aux États-Unis, ou encore la société KrioRus à Moscou.

L'idée de la cryogénisation des corps est ancienne, puisque nous avons vu qu'elle trottait déjà dans les têtes de quelques membres du Politburo en 1922, lors de la mort de Lénine. Le leader communiste a fini embaumé mais, depuis, l'idée a fait son chemin. En 1964, un universitaire américain, Robert Ettinger, la relance dans un essai dont le titre vaut un programme : *L'homme est-il immortel*? La proposition est simple : nous vous congelons le temps qu'il faut pour que la science de l'avenir vous guérisse de la vieillesse ou de la maladie. « La plupart d'entre nous qui vivons et respirons actuellement avons une chance sérieuse de survie après la mort, une possibilité de donner une nouvelle vie à nos corps congelés. » Nous voyons que toute l'entreprise repose sur une confiance totale dans les pouvoirs de la science, dont les progrès, linéaires et cumulatifs, devraient permettre de vaincre les maladies et peut-être la mort elle-même dans un futur plus ou moins éloigné. La stratégie de la cryogénisation est donc celle de la patience : si nous voulons profiter de ces progrès, il faut accepter de dormir un bon bout de temps dans une cuve de congélation en aluminium et nous faire décongeler dans un siècle ou deux, quand l'heure sera venue de vivre notre seconde vie. Le Dr Ettinger joint d'ailleurs le geste à la parole en fondant en 1976 la première entreprise de cryogénisation, le Cryonics Institute. À sa mort, il se fera lui-même cryogéniser avec ses deux épouses successives.

Alcor

À l'heure actuelle, la plus célèbre des entreprises de cryogénisation dans le monde est certainement Alcor, située à Scottsdale, dans la banlieue de Phoenix, Arizona. Généralement, Alcor draine l'intérêt des médias autant pour ses installations impressionnantes (une « baie d'observation » a été construite à l'intention des visiteurs et des journalistes) qu'en raison de la personnalité de son dirigeant, Max More, homme d'affaires et philosophe, très impliqué dans le mouvement transhumaniste. C'est d'ailleurs lui qui, le premier, a introduit le terme « transhumanisme » dans son essai *Le Transhumanisme. Vers une philosophie futuriste.*

Lorsqu'on visite les installations d'Alcor, on a vraiment le sentiment d'être plongé dans un décor de science-fiction. Les « capsules » sont bien là, telles qu'on les avait imaginées, contenant chacune quatre personnes. Ont-elles une chance, même infime, de revivre un jour ? Pour les pionniers comme James Bedford, le tout premier « client » d'Alcor en 1967, c'est peu probable. Les techniques d'alors étaient bien trop grossières, nous verrons pourquoi. Les derniers arrivés ont bénéficié, eux, des progrès des modes de congélation, bien moins traumatisants pour l'organisme.

Vous êtes mort !

Une bonne simulation vaut mieux qu'un long discours. Imaginez. Vous êtes atteint d'un cancer en phase terminale. Comme vous êtes prévoyant et confiant dans les progrès de la science, vous avez pris soin de signer un contrat de cryogénisation avec Alcor. Il vous en aura coûté 200 000 dollars (180 000 euros) en moyenne pour un corps entier, 80 000 dollars (72 000 euros) pour une tête seule. Oui, on peut se limiter à faire cryogéniser sa tête, la médecine de l'avenir saura la greffer sur un corps artificiel, faisant de vous un être mixte, mi-homme, mi-androïde. C'est d'ailleurs ainsi que Max More lui-même a choisi de se faire congeler. À quoi bon s'encombrer d'un corps biologique en mauvais état alors qu'on pourra bénéficier, dans l'avenir, d'un corps tout neuf ? Quelle que soit la formule choisie, Alcor propose de financer l'opération en contractant une assurance vie qui bénéficiera à la société, ce qui étend la possibilité de se faire cryogéniser à beaucoup d'Américains moyens.

Vous avez choisi, vous, la solution « corps entier ». Et vous voilà en train de vivre vos dernières secondes.

Évidemment, vous avez pris soin de conserver sur vous une lettre plastifiée, attestant de votre volonté d'être cryogénisé. Tout est donc en ordre, vous n'avez plus qu'à mourir. Évidemment, il y a là un petit problème. À l'origine, les concepteurs de la cryogénisation proposaient de congeler les corps des volontaires juste *avant* leur décès. En l'état actuel de la législation (mais cela est peut-être appelé à évoluer), c'est impossible, ce serait un crime. Il a donc fallu trouver le moyen de contourner cette énorme difficulté : vous conserver pour vous réveiller dans l'avenir alors que, légalement, vous êtes mort. La solution trouvée par les sociétés de cryogénisation est d'agir vite pour éviter au cerveau d'être endommagé. C'est dans le cerveau, selon les théoriciens d'Alcor, que résident l'intelligence, la mémoire et la personnalité d'un individu. Une fois la mort légalement constatée, une course de vitesse s'engage donc, de manière à préserver le cerveau du patient officiellement décédé en bon état. Alcor précise même : « Si les procédures appropriées sont suivies immédiatement après l'arrêt cardiaque, la mort légale n'a pas d'impact sur la biologie de la cryogénisation ou ses perspectives de succès. » Pour que tout soit fait dans les règles, Alcor encourage vivement ses clients en phase terminale à finir leur vie dans les unités de soins palliatifs installées dans ses locaux. Si la relocalisation est impossible, Alcor envoie une équipe qui se met « en veille ».

Dès qu'un médecin indépendant a prononcé la mort légale, l'équipe d'Alcor intervient.

Nous n'entrerons pas dans le détail. Sachez seulement que la première opération consiste à vous placer dans un bain d'eau glacée. Votre circulation sanguine et votre respiration sont artificiellement restaurées par un réanimateur cardio-pulmonaire, le « thumper ». Il s'agit d'un dispositif mécanique utilisé en médecine d'urgence pour effectuer la RCR, la respiration cardio-vasculaire. L'idée est toujours de protéger le cerveau en continuant à l'irriguer de sang. L'équipe d'Alcor injecte aussi de l'héparine et de la streptokinase pour réduire le risque de coagulation. Il est d'une importance capitale que votre corps ne soit pas soumis à des températures descendant en dessous de 0 °C, car la prise en glace de vos organes pourrait leur être fatale. Ceci inclut la conservation dans une chambre froide d'hôpital ou dans une ambulance. Ce traitement est similaire aux procédures utilisées pour les transports d'organes destinés à être greffés, à la différence que les procédures d'Alcor sont appliquées aux patients entiers.

Vitrification

Une fois arrivé dans les locaux d'Alcor, la procédure principale consiste à remplacer le sang par un liquide antigel. Cette solution empêche la formation de cristaux de glace, qui peuvent endommager les cellules. C'est le point où, dans le passé, les détracteurs de la cryogénisation humaine attaquaient la procédure. Les chercheurs en cryobiologie nous expliquaient que toutes les cellules de notre corps n'ont pas le même point de congélation. Le point de congélation des unes n'est pas identique au point de congélation des autres. Ce n'est évidemment pas le cas pour les embryons congelés, qui sont faits de quelques cellules homogènes. Mais un cœur, un rein, des poumons sont faits de milliards de cellules différentes. Le résultat des premières congélations a donc été catastrophique. Quand on plongeait les corps dans l'azote liquide, les cellules de nombre d'organes étaient littéralement déchiquetées par les cristaux de glace qui se formaient. Il suffit de comparer avec un sachet de framboises congelées. Elles ont belle allure dans le sachet mais, quand vous les décongelez, elles ressemblent à de la bouillie. C'est, vraisemblablement, ce qui arrivera aux pionniers de la cryogénisation quand on se hasardera, un jour, à les décongeler !

Mais, depuis 2004, la pratique de la « vitrification » permet de contourner cet obstacle et empêche la formation de cristaux de glace. Elle a été mise au point dans un laboratoire californien, 21st Century Medicine, par les cryobiologistes Greg Fahy et Brian Wowk. Le laboratoire ne pratique pas la cryogénisation humaine à la manière d'Alcor, mais se contente de travailler sur la congélation d'organes en vue de greffes. Leur technique utilise des cryoprotecteurs qui ont un effet antigel. Ils baissent le point de congélation, tout en augmentant la viscosité des liquides. Au lieu de se cristalliser, la solution sirupeuse se vitrifie. C'est pourquoi on appelle cette technique la « vitrification ». Elle évite la cristallisation des liquides lors de la congélation, qui était fatale aux organes. Un liquide vitrifié est comme un « liquide solide », les spécialistes appellent cela une « glace amorphe ». Avec son cocktail vitrifiant, le laboratoire est parvenu à congeler un rein de lapin à - 135 °C. Puis il a été décongelé et greffé sur un autre lapin, de manière tout à fait fonctionnelle et viable. Ce qui est valable pour des organes isolés peut-il valoir pour la totalité complexe d'un être vivant ? Selon les responsables du laboratoire, tous les espoirs sont permis.

Chez Alcor, on est encore plus optimistes : on a fait de la vitrification une religion, la meilleure réponse à apporter aux incrédules qui dénigraient leur pratique. Vous allez donc être « vitrifié ». Les principaux vaisseaux sanguins de votre corps sont reliés à un circuit de perfusion qui remplace progressivement votre sang par une solution cryoprotectrice permettant la vitrification. À la fin de la perfusion, ces produits chimiques sont présents à une concentration d'environ 60 % dans votre corps. À présent, on va vous refroidir. On utilise pour cela de l'azote gazeux, ventilé sous le contrôle d'un ordinateur. L'opération se fait le plus rapidement possible afin d'éviter toute formation de glace. Il faut trois heures pour atteindre le stade de la « glace amorphe », à - 124 °C. Vous êtes presque au bout du chemin. Il suffira ensuite de vous refroidir à - 196 °C pendant environ deux semaines, puis on vous installera dans votre capsule où, plongé dans l'azote liquide, vous attendrez votre éventuelle résurrection.

Résurrection ?

Le problème, c'est que nul ne peut dire quand sonnera l'heure de cette fameuse résurrection. C'est là que se logent la foi et l'espérance, et pour une raison bien simple : si vous avez survécu à la congélation, il est peu probable que vous surviviez, de l'aveu même des spécialistes, à la décongélation. Vous avez subi une transfusion d'antigel bénéfique pour vos cellules, certes, mais pas très bonne pour votre santé, compte tenu de sa toxicité. Et si la vitrification a empêché la prise en glace de la plupart de vos organes, rien n'est certain à cent pour cent. Il suffit d'un organe vital endommagé par la glace pour compromettre sérieusement votre retour à la vie. Cela, même les partisans les plus ardents de la cryogénisation l'admettent. Leur réponse type invoque les avancées fulgurantes de la médecine régénératrice dans un siècle ou deux. Sans doute, mais cela reste un acte de foi, nous ne sommes certains de rien. C'est pourquoi les capsules d'Alcor ont été construites pour durer longtemps.

Il en faudrait plus pour décourager les candidats à la congélation. La plupart vous répondent : « Qu'est-ce que j'ai à perdre ? » D'autant que les prix élevés des premiers temps sont devenus plus raisonnables, permettant, comme on l'a noté, de régler la note avec une assurance vie. Un psychanalyste y verrait peut-être cette disposition particulière du psychisme humain à accepter d'être tiraillé par deux convictions contradictoires : j'y crois et j'y crois pas. Ou : « Je sais bien (que ça ne marchera pas), mais quand même… (et si ça avait une chance de marcher ?) » En ces temps où les croyances religieuses n'ont plus guère d'effet consolateur (sauf pour les partisans suicidaires du djihad, mais ils sont très minoritaires), la cryogénisation repose sur un acte de foi pas si différent, à tout prendre, de celui de l'Égyptien moyen qui se faisait momifier. Il plaçait sa confiance dans la technique, et, pour lui, la magie des prêtres embaumeurs valait bien la science de nos spécialistes de la cryogénisation. Mais croyait-il vraiment, au fond de son cœur, qu'il rencontrerait Osiris dans l'autre monde pour vivre auprès de lui une vie délivrée de l'ombre de la mort ? Sans doute pas, mais quand même…

C'est pourquoi la cryogénisation reste attractive, aussi bien pour les candidats qui n'ont plus rien à perdre (le client le plus âgé d'Alcor a cent deux ans) que pour les proches d'un disparu qui éprouvent des difficultés à faire leur deuil. La petite Matheryn Naovaratpong, par exemple, a été congelée à deux ans et deux mois en 2014. Le cancer de la petite fille étant incurable, les parents ont choisi la congélation chez Alcor pour donner une chance à leur enfant dans l'avenir.

Les prix baissent encore, chez Alcor, quand il s'agit de nos compagnons à quatre pattes. On trouve dans ces cercueils des chiens, des chats, un chinchilla, une souris et quelques animaux exotiques. Comme les momies d'animaux de l'Égypte ancienne !

Franchement, on a du mal à y croire. La cryogénisation a le mérite d'avoir proposé, la première, une solution à la brièveté de la vie. Les momies cryogénisées furent les premières momies de la science. Demain, la convergence des technologies NBIC (nanotechnologies, biotechnologies, technologies de l'informatique, sciences cognitives) est appelée à bouleverser notre conception du vivant. D'autres momies de la science vont faire leur apparition.

Celui qui les a devinées est un Anglais un peu farceur, qui n'a pas sa langue dans sa poche : Kevin Warwick.

2

Les momies cyborgs

Aujourd'hui fraîchement retraité, Kevin Warwick fut pendant des années professeur de cybernétique à l'université de Reading, au Royaume-Uni.

Les chimpanzés du futur

Dès le premier chapitre de son autobiographie intitulée *I, cyborg*, Kevin Warwick nous avertit : « Si vous êtes content de votre condition d'humain, restez-en là. Mais sachez que, de la même façon que les humains se sont séparés de leurs cousins chimpanzés il y a des millions d'années, les cyborgs se sépareront des humains. Ceux qui resteront humains seront considérés comme une espèce inférieure. Ce seront les chimpanzés du futur. »

Au vrai, quand on le rencontre, on ne sait jamais si Kevin Warwick plaisante ou non. Dans ses conférences, dans ses cours, dans les relations humaines en général, il se donne volontiers l'allure d'un plaisantin potache. Ce qui ne l'empêche pas de penser sincèrement ce qu'il dit et d'être un des meilleurs cybernéticiens de la planète.

«Je suis né humain par hasard», affirme-t-il. Mais le hasard qui a fait de nous ce que nous sommes, nous pouvons le corriger. Kevin Warwick, qui se proclame volontiers «le premier cyborg de l'histoire», pense sincèrement que l'*Homo sapiens* est imparfait mais que, demain, les technologies lui permettront de pallier ces imperfections et d'atteindre l'immortalité, ou presque.

L'homme augmenté par les radiofréquences

Là encore, la science-fiction a montré la voie. En 1927, le film *Metropolis*, de Fritz Lang, décrit une mégapole futuriste et oppressive. Au cœur du film apparaît un personnage fascinant, Maria. Maria n'est pas humaine, ce n'est pas non plus un robot. C'est un être mixte, moitié robot, moitié humain : une cyborg avant l'heure. Plus tard, nous avons eu Robocop, humain par ses émotions mais augmenté par les immenses potentialités que lui confèrent la robotique et l'intelligence artificielle.

L'originalité de Kevin Warwick est de s'être pris lui-même pour cobaye. Son histoire vaut d'être contée. Elle commence comme une *success story* d'universitaire très doué. Né en 1954 au Royaume-Uni, il rejoint la British Telecom en 1970. Après des postes à Oxford ou Newcastle, il entre en 1987 à l'université de Reading et occupe la chaire de la division cybernétique. Il multiplie les travaux savants et cumule les titres universitaires. Il est professeur à l'université technique de Prague, il siège au conseil d'administration de l'université Carnegie-Mellon, il obtient ses doctorats en science de l'Imperial College London et de l'Académie des sciences de la République tchèque à Prague. N'en jetez plus, il y a là de quoi combler l'universitaire le plus assoiffé d'honneurs !

Croire qu'il pourrait s'en satisfaire serait mal connaître Kevin Warwick. En 1998, en effet, notre homme attire l'attention des médias en jouant les professeurs Tournesol. Soucieux de mettre ses idées en pratique, il se fait implanter une puce RFID dans le bras gauche. RFID pour *radio frequency identification*. Ce sont des dispositifs de petite taille qui communiquent avec un «lecteur» qui déclenche une action. On les utilise par exemple pour identifier des marchandises, des bagages, des animaux domestiques. On en parlera beaucoup au début des années 2000, dans le cadre des polémiques sur la biométrie, quand on évoquera un «marquage» des êtres humains par des dispositifs de ce genre. Kevin Warwick fut un pionnier en la matière, puisque la puce greffée dans son bras lui permettait de commander à distance plusieurs dispositifs dans son université. Ainsi, les portes s'ouvraient devant lui, la lumière s'allumait, une voix clamait: «*Welcome, mister Warwick!*» Les portes en question étaient équipées de bobines à inductance qui communiquaient par radiofréquences avec la puce sous-cutanée et activaient un système informatique qui générait l'action souhaitée. Cela marchait très bien et a permis à Kevin Warwick de devenir une coqueluche des médias, d'autant qu'il assortissait ses démonstrations de traits d'humour, mais aussi d'un discours très argumenté sur l'homme augmenté par la technologie, qui fera son fonds de commerce pendant des années.

Par prudence, on retira la puce après neuf jours, au terme de l'expérience. Elle généra, dans les années qui suivirent, des initiatives comme celle du Baja Beach Club, une boîte de nuit de Barcelone qui proposait à ses clients de se faire implanter une micropuce leur permettant de se rendre dans l'établissement sans leurs cartes d'identité ou leurs portefeuilles, puisque toutes les dépenses étaient débitées de l'implant. À noter que l'initiative du Baja fut très critiquée à l'époque (2004) par quelques organisations civiles et religieuses qui appréhendaient un fichage des êtres humains. De plus, contrairement à ce qu'affirmait le gérant de la boîte, les implants étaient assez difficiles à retirer. Depuis, le Baja a disparu, remplacé par l'Opium Mar Club !

Le monde au bout des doigts

Mais Kevin Warwick refusa d'en rester là. Il multiplia les expériences, cette fois avec l'aide de ses étudiants. Il proposa à l'un d'entre eux, Jawash, de se faire implanter des aimants au bout des doigts. Sur sa casquette, Jawash porte un capteur à ultrasons. Ce capteur communique avec les petites bobines qui entourent les aimants. Lorsqu'un objet s'approche, le courant change dans la bobine, si bien que l'aimant vibre plus intensément. Quand l'objet s'éloigne, l'aimant vibre moins fort. Jawash peut donc sentir la distance à laquelle se trouvent les objets dans une pièce obscure, ce qui peut être utile à un malvoyant ou, selon Kevin Warwick, à un militaire soucieux de savoir si l'ennemi se cache dans l'ombre. Autre expérience : les implants greffés dans les mains du cobaye sont reliés, cette fois, à des capteurs infrarouges. Il peut donc, à distance, sentir la température des objets.

Peu de temps après, Kevin Warwick tente une nouvelle expérience sur lui-même. Il passe deux heures sur le billard de l'hôpital Radcliffe d'Oxford pour se faire greffer un dispositif comprenant une centaine d'électrodes sur les nerfs médians de son bras gauche. Chaque électrode a une taille de deux microns, à peu près celle d'un neurone. L'ensemble est donc connecté à son système nerveux. Plus besoin, comme dans l'expérience de Jawash, de porter un harnachement de capteurs. « Cette fois, confie Kevin Warwick, je pouvais sentir la distance des objets directement. Lorsqu'un objet s'approchait, mon cerveau recevait des impulsions de plus en plus rapides, qui ralentissaient lorsqu'il s'éloignait. » Un pas de plus vers le cyborg.

Ce dispositif permettait aussi à Kevin Warwick de commander à distance une main robotique. Et quand nous disons « à distance », c'est vraiment à distance. Installé dans un laboratoire à l'université Columbia, à New York, le chercheur pouvait, via le réseau Internet, commander la main qui se trouvait à l'université de Reading, en Angleterre. Mieux : lorsqu'elle saisissait un objet, la main robotisée renvoyait à la main biologique les signaux correspondant à la force appliquée sur l'objet. L'illusion de la préhension était parfaite, à des milliers de kilomètres de distance.

L'objectif est certes d'améliorer la portée et l'efficacité de nos sens. Les biologistes, nous dit Kevin Warwick, estiment que nos capteurs biologiques ne nous permettent de détecter qu'un pourcentage infime des événements qui nous entourent. D'où la nécessité de corriger cette limitation en les complétant par des capteurs artificiels. L'expérience de la main commandée à distance faisait mieux, d'ailleurs, qu'augmenter la puissance de ce qui existe. On inventait une nouvelle manière d'être humain, puisqu'on délocalisait le corps. On démontrait, comme le dit Kevin Warwick, que «votre corps et votre cerveau n'ont pas besoin d'être au même endroit».

Derrière cela, il y a une philosophie que nous verrons à l'œuvre dans les théories du transhumanisme, que nous évoquerons dans les prochains chapitres. D'une certaine manière, Kevin Warwick et ses cyborgs sont, en 2004-2005, les prédécesseurs des thuriféraires du post-humanisme de 2015-2016. Leur credo : si l'homme est fragile, limité, mortel, la fusion de l'homme avec la technologie pourra le rendre fort, augmenter sa puissance d'action et – pourquoi pas ? – lui conférer l'immortalité.

Un détail, tout de même, auquel les transhumanistes n'ont pas (encore) pensé : la technologie permettra aussi d'améliorer la communication conjugale !

C'est l'expérience la plus célèbre de Kevin Warwick. Un jour, il propose à son épouse, la charmante Irena, d'accepter à son tour la pose d'un implant greffé sur son système nerveux. Irena, après sans doute quelques hésitations, accepte. Son sourire épanoui fait comprendre qu'elle n'a pas grand-chose à refuser à son génial époux. Elle reçoit donc deux microélectrodes dans le nerf médian de son bras gauche. Résultat : le mari et la femme peuvent à présent communiquer via leurs systèmes nerveux. S'agit-il de télépathie ? On l'a dit, mais la télépathie, si elle existe un jour, concerne la communication à distance par la pensée. Nous n'en sommes pas encore là. Simplement, lorsque Irena bougeait les doigts, le système nerveux de Kevin, dans une autre pièce, pouvait le détecter. Les deux époux ont pu ainsi mettre au point une manière de communication télégraphique de système nerveux à système nerveux. Basique, certes, mais ce n'est qu'un début. L'étape suivante est la communication de cerveau à cerveau. Elle impliquera de poser des implants à même le cerveau, ce qui est pour l'heure extrêmement délicat.

Gordon, le robot au cerveau de rat

Pour ceux qui voudraient sauter par-dessus leur temps et voir à quoi pourrait ressembler un cyborg cent pour cent pur jus, Kevin Warwick a inventé Gordon, sa dernière réalisation avant son départ à la retraite. Gordon ne paie pas de mine, il ressemble à un jouet d'enfant, mais c'est tout de même le premier robot fonctionnant avec des neurones d'origine biologique, des neurones de rat.

Ces neurones, prélevés dans un cerveau de rat, ont été placés dans une solution nutritive pour les maintenir « vivants ». De son côté, le cerveau du petit robot était équipé d'une soixantaine d'électrodes. La suite consistait à connecter le biologique et l'électronique. Sur ce plan, Kevin Warwick profitait ici de sa propre expérience, acquise les années précédentes. Voici donc Gordon connecté à la soupe de neurones de rat. Que va-t-il se passer ? Eh bien, l'information passe de l'un à l'autre, les impulsions des neurones du rat commandent, par essais et erreurs, les petites roues du robot Gordon. Quand Gordon se cogne contre un mur, par exemple, son cerveau de rat en tient compte et lui ordonne de changer d'itinéraire, exactement comme un enfant apprend, peu à peu, les postures qui lui permettront de marcher. À mesure que le temps passe, que l'expérience s'accumule, les connexions dans la soupe de neurones se multiplient, se complexifient et le comportement de Gordon devient plus intelligent.

Pour le moment, évidemment, les quelques neurones de Gordon font pâle figure à côté des cent milliards de neurones d'un cerveau humain. Parler d'intelligence, ici, revient à grossir le trait. Mais cela permet à Kevin Warwick de rêver au futur.

À lire le 1ᵉʳ janvier 2050

Au dernier chapitre de son épaisse autobiographie, Kevin Warwick a composé en effet un petit chapitre intitulé: «À ne pas lire avant le 1ᵉʳ janvier 2050». Il s'agit tout simplement de montrer que le futur lui a donné raison, que ses efforts ont servi à quelque chose.

Désobéissons-lui et lisons. Nous sommes un demi-siècle dans le futur. Qu'est-ce qui a changé? Tout. Et d'abord les humains, ou plutôt les post-humains. La Terre est dominée par les cyborgs, des hommes et des femmes améliorés par la technologie. Pas des robots, mais plus tout à fait des humains, un mélange des deux. La prédiction de Kevin Warwick s'est réalisée, l'humanité est passée à un nouveau stade de son évolution. Il ne précise pas, ici, s'il s'agit de *toute* l'humanité ou de quelques heureux élus, les autres restant, comme il le prédisait, les «chimpanzés du futur». Mais bon, ne chipotons pas, Kevin Warwick n'est pas sociologue ni réformateur social, il est cybernéticien et a le droit d'oublier le reste pour rester béat devant le spectacle de ces super-humains.

Les cerveaux de ces cyborgs de 2050 sont connectés en permanence à un réseau informatique mondial. Ces braves gens sont devenus des ordinateurs vivants, capables de stocker leur mémoire dans de gigantesques mémoires de masse, de rappeler les souvenirs utiles quand le besoin s'en fait sentir, d'accéder instantanément à l'information sans avoir à faire appel à Wikipédia, de calculer à la vitesse d'un super calculateur, etc. Le réseau fonctionne comme un système global. Un individu isolé est impuissant sans sa connexion au réseau. Inversement, le réseau ne peut rien sans les individus qui lui sont connectés – ceci précisé, sans doute, pour parer aux objections de ceux qui pourraient craindre un monde à la George Orwell, dominé par un superordinateur tyrannique.

Dans ce monde utopique de 2050, les machines et les hommes fonctionnent en harmonie, les unes ont besoin des autres et réciproquement. Grâce à cette connexion au réseau, les hommes font plus qu'augmenter leur intelligence, ils apprennent à penser autrement, dans des dimensions supplémentaires, découvrant les secrets cachés de l'univers et des ressources d'énergie insoupçonnées (là, franchement, Kevin Warwick pousse le bouchon un peu loin, on a du mal à imaginer ce que sont ces «dimensions supplémentaires», mais bon, laissons-lui son enthousiasme).

Dans ce monde de cyborgs, plus besoin de téléphones, toutes les communications se font de cerveau à cerveau, via le réseau mondial. Plus besoin non plus de télés ni de jeux vidéo, tout se fait dans la tête. À se demander comment il sera possible, dans ces conditions, de ne pas craquer (mais, après tout, ce sont des cyborgs, bien plus résistants que nous, pauvres humains).

Tout a changé, tout. Plus besoin de police, par exemple. Quand un cyborg mal intentionné est sur le point de commettre une infraction, le réseau en est informé avant même son passage à l'acte et permet de stopper à l'avance le candidat au crime. La médecine aussi a changé. En intégrant la connaissance approfondie des subtilités du génome humain, les cyborgs de 2050 sont délivrés de la plupart des maladies dont nous souffrons aujourd'hui. Ils peuvent aussi s'apparier de manière rationnelle pour donner naissance à de petits futurs cyborgs capables, génération après génération, de faire reculer l'horizon de la mort.

À noter, pour être juste, que cette rêverie utopiste a été écrite en 2001. Elle porte les stigmates de son âge, comme les rêveries utopistes d'aujourd'hui porteront sans doute les leurs dans une quinzaine d'années. Mais, si notre intuition est juste, elle reproduit bien le vieux fantasme des Égyptiens : vaincre la mort en donnant aux modernes momies de la science les moyens d'arrêter la fuite du temps.

Aujourd'hui, les momies cyborgs sont un peu oubliées. De nouvelles momies ont fait leur apparition, sous une nouvelle bannière : le transhumanisme.

3

Les momies transhumanistes

Aujourd'hui, le transhumanisme est partout. Dans les conférences, dans les news magazines, à la télé, dans les ouvrages des sociologues et des philosophes, partout. Ce qui a commencé, il y a quelques années, sous la forme de projections futuristes, dues pour l'essentiel au futurologue Raymond Kurtzweil, est devenu depuis 2015 un mouvement d'ampleur internationale. La mode est propice à s'emparer des mots en « isme », surtout quand on ne voit pas très bien ce qui se niche derrière. Une nouvelle philosophie ? Une manière différente d'appréhender l'avenir ? Une nouvelle religion qui a ses mystiques ? Sans doute un peu de tout cela.

Le succès du transhumanisme tient, me semble-t-il, à trois facteurs :

– D'abord, en se fondant sur la science la plus avancée (les NBIC, voir plus haut), les transhumanistes nous proposent d'allonger sensiblement notre durée de vie. Pas l'éternité, mais presque. Jusqu'ici, les chercheurs imaginaient faire progresser la longévité en jouant sur des ressorts purement biologiques, comme la lutte contre l'oxydation et les radicaux libres, la réjuvénation des mitochondries de nos cellules, la protection des télomères de nos chromosomes contre l'usure, voire la reprogrammation de notre horloge biologique interne. Leur idée était simple : en comprenant mieux les mécanismes du vieillissement, nous pourrons les ralentir assez pour permettre aux générations à venir d'atteindre allègrement cent ans et plus en bonne santé. Avec les transhumanistes, on change d'échelle et de perspective. On vise la très grande longévité, grâce à un saut évolutif majeur, bien pressenti par Kevin Warwick et ses cyborgs, la fusion homme-machine. Les nouvelles momies de la science seront des êtres mixtes, chair et métal. La science-fiction est à nos portes.

– Autre raison du succès des transhumanistes : ce changement, ils ne le prédisent pas pour le XXIIe siècle, mais pour demain et (à peine) après-demain. Pour des futurologues, ils prennent des risques : les changements majeurs sont à venir en 2025 et 2030 (pour l'invasion de nos organismes par des milliers de nano-robots), ou 2045 (pour le *mind uploading*, le « téléchargement de cerveau »).

– Enfin, les transhumanistes ne sont pas un groupe de doux rêveurs dépourvus de moyens. Derrière eux, il y a des milliardaires en dollars, et pas n'importe lesquels : Sergey Brin et Larry Page, cofondateurs de Google ; Peter Thiel, cofondateur de PayPal ; Larry Ellison, P-DG d'Oracle ; Dmitri Itskov, milliardaire russe et promoteur du projet « Initiative 2045 ». Ray Kurtzweil lui-même occupe aujourd'hui un poste de responsabilité chez Google. Rebaptisée Alphabet, la société a fondé en 2013 une succursale, Calico (pour « California Life Company »), dirigée par Art Levinson, dont l'objectif est d'aider à développer les nouvelles technologies qui permettront d'allonger notre vie. Leur credo : « L'homme qui vivra mille ans est peut-être déjà né. » Ne soyons pas naïfs, l'objectif de ces immenses entreprises n'est pas totalement désintéressé, il s'agit pour elles, dès à présent, de se positionner sur des marchés futurs, porteurs à court ou moyen terme.

L'université de la Singularité

Le QG de ces aventuriers du futur, la Singularity University, est installé à Moffett Field, un ancien local de la NASA. C'est le cœur du mouvement transhumaniste. Dans les salles de cours, des étudiants et des chercheurs brillantissimes échangent des vues sur la robotique, les biotechnologies, l'intelligence artificielle, autant de technologies appelées à changer notre vie dans le proche avenir. Tout en haut de la pyramide, il y a le futurologue Raymond Kurtzweil. Aujourd'hui directeur de l'ingénierie chez Google, il se réfugie – comme les grands gourous – dans le silence médiatique. Mais ses disciples, comme le directeur de l'université Peter Diamandis, parlent pour lui. Selon Ray Kurtzweil, l'humanité aura atteint vers 2045 le stade de la « singularité ». Ce terme, qui a fait fortune, est en réalité emprunté à l'astrophysique. Il désigne un point, au cœur des trous noirs ou au début du Big Bang, où les conditions physiques (énergie, densité) sont telles que la physique actuelle n'a plus de sens, un point où une nouvelle physique, encore inconnue, règle le monde. C'est pain bénit pour les futurologues à la Kurtzweil, qui appellent « singularité » le point à partir duquel l'intelligence artificielle égalera l'intelligence humaine. À partir de là, rien ne sera pareil, une nouvelle humanité est appelée à naître, grâce à l'hybridation de l'homme avec les machines intelligentes.

Rod Furlan, à la Singularity University, est un chercheur en robotique qui travaille aujourd'hui sur des lunettes connectées permettant de visionner des vidéos et de recevoir ou envoyer des mails et des tweets. Demain, ses lunettes deviendront des implants oculaires. Nous n'aurons plus un ordinateur, nous serons un ordinateur. *Idem* pour d'autres implants technologiques. Conçus d'abord pour réparer et soigner des handicaps, ils vont peu à peu envahir nos organismes pour leur offrir des capacités améliorées, puis augmentées.

Les exemples abondent : à l'université de Cleveland, les chercheurs ont mis au point une prothèse robotisée permettant à un amputé de recouvrer le sens du toucher. Les capteurs intégrés dans sa main analysent les surfaces effleurées par le patient, puis stimulent électriquement les nerfs de son avant-bras qui relayent les sensations vers le cerveau. Le patient comprend alors qu'il « touche » du mou, du dur, du froid, du chaud. La société française Pixium Vision, elle, a mis au point Iris II, un œil bionique (en fait une caméra connectée à un implant sur la rétine) permettant aux patients souffrant de dégénerescence maculaire précoce de recouvrer une vue normale. Un des cas les plus spectaculaires est celui de Hugh Herr. Amputé des deux jambes, ce chercheur au Massachusetts Institute of Technology (MIT) a contribué lui-même à mettre au point les prothèses qui lui permettent aujourd'hui de marcher, de gambader et même d'escalader de petites collines (c'est en pratiquant l'escalade, il y a trente ans, que Herr avait perdu ses deux jambes). Ces prothèses high-tech, parfaitement connectées et ajustées à ses muscles de chair, lui permettent de se mouvoir sans fatigue, bien plus efficacement, finalement, que de véritables pieds. Hugh Herr a même cette formule :

« Dans vingt ans, il vaudra mieux être amputé que valide ! »

Tout est dit ! De l'homme réparé, on passe insensiblement, comme l'annoncent les transhumanistes, à l'homme augmenté par la technologie, au post-humain. Des robots contrôlés par la pensée, des exosquelettes permettant à ceux qui les portent de réaliser des exploits impensables pour un humain classique, des implants en tous genres : dans vingt ans, selon le mouvement transhumaniste, la technologie aura radicalement transformé notre définition traditionnelle de l'homme.

Comme pour toute évolution, ce passage se fera progressivement. Rod Furlan imagine la mutation comme un « grignotage » progressif de la matière biologique par la technologie. Innovation après innovation, nous bénéficierons progressivement de petites améliorations qui nous rendront plus artificiels que naturels. La frontière entre l'homme et la machine va tendre à s'effacer.

Nanorobots

Dans cette révolution qui s'annonce, les nanotechnologies vont jouer un rôle décisif. Des nanorobots de la taille d'une molécule vont envahir et investir nos corps. Ils feront partie de nous, au même titre que nos globules rouges ou nos globules blancs. À Denver, dans le Colorado, nous avons rencontré Terry Grossmann. Coauteur avec Ray Kurtzweil d'un livre sur la médecine du futur (*Fantastic Voyage*), directeur d'un centre anti-âge prospère, ce médecin à l'assurance aussi impressionnante que sa taille a le visage épanoui des annonceurs de bonnes nouvelles professionnels. Vivre cent cinquante ans ? C'est possible avec la nanomédecine. Il s'agit d'une médecine pratiquée à l'échelle d'1 nanomètre, 1 nanomètre étant la taille approximative d'un atome. Aujourd'hui, les chercheurs ont mis au point des boules microscopiques qu'ils remplissent de médicaments. Ils les injectent dans le sang et les conduisent à leur destination pour éliminer les cellules cancéreuses. C'est ce type de médecine qui sera accessible à tous dans les dix prochaines années.

Terry Grossmann est un peu optimiste. Nous n'en sommes pas encore là, mais pas loin. Au Wyss Institute de Harvard, deux chercheurs, Shawn Douglas et Ido Bachelet, ont travaillé sur un nanorobot fait d'ADN, en forme de tonneau, capable d'atteindre deux types de cellules cancéreuses, celles de la leucémie et celles du lymphome. La fonction de ce petit tonneau d'ADN est de donner aux cellules cancéreuses l'ordre de se suicider, cette fameuse «apoptose» (ou suicide cellulaire) à laquelle, pour notre malchance, les cellules cancéreuses semblent échapper. Comme la leucémie et le lymphome parlent des langues différentes, les messages ont été écrits dans différentes combinaisons d'anticorps. Mais le message était le même – activer le «gène suicide» de la cellule. Les premiers tests semblent positifs et ont donné lieu à un article dans la revue *Science*. Ils doivent bien entendu être poursuivis et étendus pour mettre la technique au point.

Dans l'avenir, selon Terry Grossmann, c'est une armée de mini-sous-marins de taille moléculaire qui envahiront nos organismes. Ils les investiront aussi bien pour les surveiller que pour les réparer. Ils nous informeront en temps réel d'une pathologie naissante et seront capables, aussi sec, de jouer les urgentistes. Circulant en permanence dans le corps humain, ils nettoieront les artères et expulseront les déchets cellulaires. Et, bien entendu, ils détruiront implacablement les virus et les cellules cancéreuses.

Une fois encore, nous ne sommes pas dans la science-fiction. À l'Institut Max Planck, à Stuttgart, Samuel Sanchez travaille sur des nanorobots de ce genre. Là encore, il s'agit de détruire des cellules cancéreuses. «Une tumeur, c'est quelque chose d'assez gros, avec des couches comme un oignon. Les cellules malignes apparaissent en premier puis il y a autour des couches qui rendent la cellule de plus en plus grosse. Nos remèdes, actuellement, tuent uniquement les cellules extérieures.» Les chercheurs de l'Institut Max Planck ont donc mis au point un nanorobot capable de creuser jusqu'au centre des cellules cancéreuses, donc de pénétrer jusqu'au cœur de l'oignon. On tiendrait là le moyen idéal de tuer un cancer.

Les plans sur l'avenir de Terry Grossmann recoupent, on l'a dit, une des raisons qui ont fait le succès des transhumanistes : c'est pour demain. Dix, quinze ans à attendre, pas plus. Nous devrions voir apparaître ces petits sous-marins du futur vers 2030, ou entre 2030 et 2040. « Nous disposerons alors d'un moyen efficace de détecter et de guérir toutes les pathologies. Ce qui nous permettra d'escompter une augmentation considérable de la durée de la vie, à l'échelle du siècle plutôt que de la décennie. » Traduit autrement : « Tenez bon, les gars ! Les nanorobots ne sont pas réservés à vos petits-enfants. Avec un peu de chance, vous pourrez en profiter vous aussi. »

Un homme en pièces détachées

La transition vers l'homme transhumaniste se fera aussi en offrant à tous la possibilité d'obtenir des organes tout neufs grâce à une invention incroyable : l'impression d'organes. L'idée est simple et géniale : de la même manière qu'il devient possible, aujourd'hui, d'imprimer à distance des objets sur des imprimantes 3D, l'impression d'organes se fera à partir des cellules souches de l'organisme. Le risque de rejet est nul, puisque les cellules sont prélevées sur le corps du patient.

L'entreprise pilote, dans ce secteur plein de promesses, se trouve à San Diego, en Californie du Sud. Organovo, une start-up dirigée par Keith Murphy et Mike Renard, a mis au point une imprimante qui imprime des tissus humains. L'«encre» de la bio-imprimante est extraite de cellules souches prélevées sur le futur receveur. Elles sont assemblées dans les machines par couches successives, jusqu'à ressembler à un authentique tissu musculaire humain. Aujourd'hui, on imprime des tissus de foie, de poumon, de vaisseaux sanguins, de cœur, de peau. Pour l'instant, la technique ne permet de réaliser que des tissus millimétriques. Mais la situation est appelée à changer et la société pense possible d'imprimer bientôt des organes complets en vue de greffes.

Avec l'impression 3D, la médecine régénératrice vient de naître. Chaque homme disposera bientôt d'un magasin de pièces détachées pour remplacer ses organes déficients. Ce qui ne manquera pas de déclencher quelques débats philosophiques sur le thème : les post-humains sont-ils encore humains ? Le moi ne se réduira-t-il pas, à terme, à un habit d'Arlequin ? Ces techniques renforceront-elles mon humanité ou la détruiront-elles ?

Pour les transhumanistes les plus convaincus, cette invasion bénéfique du biologique par le technologique promet un tel bond en avant de la longévité que la mort elle-même deviendra une perspective très lointaine. Laurent Alexandre, un des chantres du transhumanisme en France, estime que la technologie sera bientôt un moyen d'échapper à la tyrannie du destin, jusqu'ici réglée par la nature. La mort ne sera plus un destin, mais un choix.

4

Bye bye le corps

Comme toutes les aventures, celle des momies « transhumanistes » prendra toute son ampleur au milieu du XXIe siècle, quand la science nous permettra de transférer une conscience humaine dans un cerveau artificiel. Ce sera le triomphe du modèle computationniste de l'esprit, qui conçoit la pensée comme un système de traitement de l'information, analogue à celui qu'opère un ordinateur. Dans cette perspective, si la conscience est de l'information, elle doit pouvoir se stocker dans des mémoires de masse, voire se télécharger.

Quand les neuroscientifiques jouent au bon Dieu

Deux projets d'envergure ont donné un fondement à cette idée-force du transhumanisme. Le premier projet, Human Brain, est européen. Il vise, à court terme (à l'échelle d'une dizaine d'années), à reproduire sur un ordinateur le fonctionnement du cerveau humain. Il ne s'agit pas, pour les chercheurs, de jouer à Dieu ou au Dr Frankenstein, mais d'utiliser les résultats obtenus pour mettre au point des thérapies efficaces contre les maladies neurodégénératives. Le projet, doté par la CEE d'un budget confortable de 1,2 milliard d'euros, a démarré en 2013. Son centre de commande se trouvait à Lausanne, son directeur était le chercheur en neurosciences Henry Markram. Le projet Human Brain avait été précédé par un premier travail consistant à modéliser un fragment de cerveau de rat. 30 000 neurones, interconnectés par 40 millions de synapses. L'objectif suivant, bien plus ambitieux, était de modéliser un cerveau humain : 86 milliards de neurones, chacun étant relié en moyenne à 10 000 autres, soit un total approximatif de 860 billions de connexions !

La difficulté n'était pourtant pas de nature à décourager les chercheurs, qui misaient sur une puissance accrue des ordinateurs permettant, à partir de 2020, d'atteindre des capacités de calcul de l'ordre de l'exaflop. Pour donner une idée, un supercalculateur français, présenté au public au printemps 2016, permettait d'atteindre une puissance de 1 pétaflop, c'est-à-dire qu'il pouvait réaliser un million de milliards d'opérations par seconde. L'exaflop, c'est mille fois plus vite. C'est certes beaucoup, mais à notre portée dans les dix ans à venir. Pour être complet, précisons tout de même que, en 2014, le projet Human Brain a été contesté de l'intérieur, à la fois pour des raisons de fond et pour des raisons de fonctionnement. Depuis, des ajustements ont été réalisés qui ne remettent pas en question l'objectif final.

L'autre grand projet du même type a été annoncé en 2013 par le président Obama en personne. Il s'agit du projet «Brain Initiative», financé par des fonds publics et privés, dont le but est de cartographier l'ensemble d'un cerveau humain sur un ordinateur. Dans le domaine des neurosciences, le projet s'inspire en droite ligne du séquençage du génome humain, réalisé avec succès en 2003 par une équipe internationale de chercheurs. Le mot «génome» est ici remplacé par un mot équivalent : le «connectome», qui est un plan complet des connexions neuronales dans un cerveau. Après tout, pourquoi ne pas rééditer dans le domaine des neurosciences les succès obtenus hier en génétique ?

D'autant que le projet pouvait s'inspirer de quelques réalisations réussies. Dès 1986, en effet, le biologiste

John White était parvenu à cartographier le cerveau d'un tout petit ver, baptisé *Caenorhabditis elegans*. Si petit qu'il ne comprend, en totalité, que 959 cellules, dont 302 sont des neurones. Armé d'un microscope dernier cri, permettant de recueillir des images à très faible profondeur de champ, White avait pu cartographier sur un écran le cerveau de *Caenorhabditis*, ainsi que ses connexions. Même aujourd'hui, le résultat est spectaculaire : 302 neurones, reliés par 8 000 connexions. Un cerveau sur un écran.

Nuançons. Le cerveau de *Caenorhabditis* est le plus petit cerveau connu. Celui de l'homme est incommensurablement plus gros et plus complexe, environ trois cents millions de fois ! Pourtant, là encore, les chercheurs sont confiants et disposent des moyens financiers de leurs ambitions. Comment, dans ces conditions, interdire aux transhumanistes de rêver à un projet encore plus ambitieux : après avoir modélisé un cerveau donné, le télécharger dans un ordinateur ? C'est le *mind uploading*.

Mind uploading

L'idée a été lancée en 2013 par Ray Kurtzweil en personne lors de la conférence « Global Future », qui tâchait de décrire l'état du monde en 2045. « Dans trente ans, les humains seront capables de télécharger leur esprit en totalité vers des ordinateurs pour devenir numériquement immortels. »

Si la notion de « momie transhumaniste » a un sens, il se résume tout entier dans cette possibilité ouverte de réaliser le *mind uploading*, le « téléchargement de l'esprit » qui verra la fin de la chair et le début de la mort de la mort, comme le suggère le titre d'un essai devenu célèbre de Philippe Alexandre.

L'homme biologique, fragile et mortel, passera alors le relais à son successeur, l'homme 2.0, bardé de technologie, puis à l'homme 3.0, dont le cerveau n'aura plus rien de biologique. Dans son essai sur le transhumanisme, Béatrice Jousset-Couturier compare volontiers cette conception transhumaniste de l'histoire humaine à celle d'un Pierre Teilhard de Chardin, décrivant – bien avant Internet – la course de l'évolution « vers une intelligence supérieure à l'intelligence humaine ». Tous ces thèmes sont aujourd'hui repris par les transhumanistes, qui se réfèrent explicitement aux écrits de Teilhard. Leurs conceptions, qui se disent fondées sur la pensée scientifique la plus rigoureuse, reposent paradoxalement sur un socle philosophique classiquement spiritualiste, comprenant le progrès de l'humanité comme un lent dégagement de l'esprit hors de sa gangue biologique. Après tout, pourquoi pas ? Mais à quoi ressemblera cet homme 3.0 ?

Pour l'instant, l'homme 3.0 est une femme. Et le téléchargement de cerveau aboutira à quelque chose comme Bina48. Un tronc robotisé, posé sur une table. En face d'elle, Bruce Duncan, le superviseur du projet Bina48.

Bina48 est la version robotique d'une femme de cinquante-cinq ans qui existe vraiment, Bina Rothblatt. La suite est un peu biscornue. Bina Rothblatt est elle-même l'épouse de Martin Rothblatt, millionnaire en dollars, cofondateur d'une des firmes pharmaceutiques les plus puissantes des États-Unis, United Therapeutics Corporation, ainsi que de deux start-up spécialisées dans l'exploitation des satellites. En 1982, Martin Rothblatt est encore un homme. Il rencontre puis épouse Bina Prator et lui fait deux enfants. Puis, en 1994, Martin Rothblatt subit une opération sexuelle qui le change en femme. Mais la vraie mutation qui le préoccupe n'est pas sexuelle, c'est celle du *mind uploading*. Martin devenu Martine fonde alors le mouvement transhumaniste Terasem, dont l'objectif est d'explorer les bases théoriques et technologiques du téléchargement de cerveau. Et c'est ainsi que naît, en 2007, le projet Bina48.

Pendant cinq années, les informaticiens ont transféré dans les bases de données du robot toutes les connaissances et toutes les habitudes de pensée de la vraie Bina Rothblatt. « Nous avons filmé des entretiens avec la vraie Bina et nous lui avons posé toutes sortes de questions. Ces informations ont été importées dans le robot » (Bruce Duncan). Puis, en échangeant avec ses interlocuteurs, de visu ou via Internet, le robot s'est mis à l'école de la vie. À mesure qu'elle interagissait avec les autres, Bina48 évoluait, modifiait sa personnalité, apprenait à apprendre. Elle pouvait mener une conversation, rebondir sur une idée, avoir des expressions faciales appropriées, etc. Bref, elle apprenait à vivre de sa vie propre.

Ne rêvons pas, Bina48 n'est pas une machine consciente. De l'aveu même de ses concepteurs, ce n'est qu'un prototype, un premier pas sur un long chemin, celui du transfert de l'esprit dans un corps artificiel. Bruce Duncan a lui-même réalisé un film d'anticipation militant pour le téléchargement de l'esprit, considéré comme une voie royale vers l'éternité. Son slogan : « L'âge de la chair est terminé. » Le film soutient l'idée que notre esprit doit s'affranchir, désormais, de sa fragile enveloppe charnelle. Il doit intégrer un organisme artificiel fait pour durer. L'éternité est à ce prix.

Suicide et résurrection

Toutes les grandes inventions de la science ont leurs Lindbergh, leurs aventuriers casse-cou. Celui du téléchargement de cerveau s'appelle Kenneth Hayworth. Neurobiologiste à l'université de Virginie, adepte du mouvement transhumaniste, Kenneth Hayworth a étonné son monde en annonçant en 2013 son intention de se suicider. Oui, mais pour renaître éternel. «La condition humaine m'énerve. Nous avons une durée de vie très courte. Les gens qui pensent que mourir c'est simplement la condition humaine sont peut-être forts, mais je ne suis pas comme eux.»

L'idée de Kenneth Hayworth est de faire conserver son cerveau dans une résine pour en dresser une cartographie complète. Pour cela, évidemment, il faut d'abord commencer par mourir. Mais pas pour longtemps, car Kenneth Hayworth a pensé à tout. Il raconte d'abord comment se déroulera son dernier jour. Comme une veille de fête. Il passera une bonne soirée avec sa femme et ses amis. Puis il prendra un taxi et se rendra dans un hôpital pour y subir une anesthésie. Jusque-là, rien d'extraordinaire. La suite est moins banale et a été mise au point de manière millimétrée. Après avoir pris connaissance de son consentement écrit, les chirurgiens injecteront dans son cerveau une solution de métaux lourds et une autre à base de résine. Cette résine, tout en tuant

Kenneth Hayworth, permettra de conserver durablement ses neurones et sa moelle épinière. On se demande évidemment quels chirurgiens accepteront de se lancer dans une entreprise pareille, même munis de l'accord écrit de Kenneth Hayworth. Mais bon, c'est un détail.

Cette méthode de conservation des organes des cadavres dans la résine est une technique éprouvée appelée «plastination». Elle permet de préserver des tissus biologiques de la corruption en remplaçant les liquides organiques qu'ils contiennent par du silicone. Les corps ayant subi une plastination sont utilisés, en général, dans les écoles de médecine. Avantage: les tissus ont gardé leur plasticité et leurs couleurs, les cadavres sont inodores et n'ont pas été traités au formaldéhyde, très toxique.

Il y a quelques années, cette technique a été utilisée dans le cadre d'une exposition d'art qui a fait scandale, montrant des corps humains ayant subi un processus de plastination. À l'époque, le Comité consultatif national d'éthique avait discuté le mobile de l'exposition: «S'agit-il d'une exposition artistique? Scientifique? Pédagogique? Spectaculaire et visant au sensationnel?» Aujourd'hui que le vent du scandale s'est dissipé, la plastination continue d'être utilisée en médecine à des fins pédagogiques, afin de comprendre et de faire comprendre la complexité de l'anatomie humaine.

Évidemment, l'objectif de Kenneth Hayworth n'est pas d'exposer son anatomie cérébrale dans des manifestations artistiques. La plastination de son cerveau vise à le fixer tel qu'il est à un instant T pour en dresser un connectome complet. Pour cela, la technique, mise au point par Kenneth Hayworth lui-même, consiste à découper le cerveau du candidat à l'immortalité en une multitude de très fines tranches à l'aide d'une lame diamantée. Grâce à la solution préalablement injectée de métaux lourds, chacune de ces tranches est scannée et traduite en images permettant d'en dresser un connectome en 3D. Un jour, quand la puissance des ordinateurs le permettra, tous ces connectomes partiels seront assemblés dans le chef-d'œuvre final : un connectome global en 3D, analogue – mais en des milliards de fois plus complexe – au cerveau reconstitué du petit ver *Caenorhabditis elegans*.

Et nous voici, disons en 2050 (ou avant ou après), avec le cerveau de Kenneth Hayworth sur l'écran de notre supercalculateur. Ressuscité, vraiment ? Et dans quel état ?

Transcendance

En 2014, un film de fiction s'est hasardé à le deviner. Il s'agit de *Transcendance*, un film de Wally Pfister, avec Johnny Depp dans le rôle principal. Il nous conte l'histoire de Max, un chercheur en intelligence artificielle, victime d'un attentat et menacé d'une mort rapide. Sur ses indications, son épouse Evelyn télécharge (« transcende », pour employer la terminologie du film) son esprit dans un supercalculateur et lui permet de survivre. Toute la question est de savoir si la personnalité qui s'est incarnée dans l'ordinateur est encore Max ou une entité qui a perdu son humanité. Max, qui contrôle désormais le réseau, devient peu à peu un être omnipotent et maléfique. Le problème est de trouver, à présent, le moyen de s'en débarrasser.

Ce n'est pas la première fois que la science-fiction traite ce thème du téléchargement de cerveau. Sous des formes différentes, des écrivains comme Dan Simmons, Frederic Pohl ou Gregory Benford ont imaginé des mutations numériques de leurs personnages en y voyant qui une manière idéale de vaincre la mort, qui une imprudence débouchant sur des tragédies à la manière de *Transcendance*.

Nous avons vu l'effroyable complexité du cerveau humain, avec ses 860 billions de connexions. Imaginons que, dans quelques années, le rêve des neuroscientifiques se réalise. Nous disposons d'un supercalculateur travaillant avec une puissance de 1 exaflop, capable – en théorie – de gérer la complexité d'un cerveau humain. Eh bien, on ne serait quand même pas au bout du chemin ! Car le cerveau n'est pas un dispositif logique désincarné : il n'existe et ne s'exprime qu'à travers un corps.

L'esprit sans le corps = Frankenstein !

Dans une approche très éclairante («Esprit *in silico* : les vains espoirs de l'immortalité»), généreusement publiée sur Internet, le chercheur en neurosciences Nicolas Rougier nous rappelle cette évidence : l'homme ne peut être comparé à un ordinateur. Il se plaît à citer Gérard Berry, professeur au Collège de France : «Fondamentalement, l'ordinateur et l'homme sont les deux opposés les plus intégraux qui existent. L'homme est lent, peu rigoureux et très intuitif. L'ordinateur est super rapide, très rigoureux et complètement con.»

Où est la différence ? C'est que le cerveau humain a été conçu (ou s'est construit tout seul dans le processus évolutif) pour contrôler un corps. Un cerveau, ce n'est pas de l'intelligence pure. Il ne s'exprime qu'à travers un corps auquel il est relié par une multitude de capteurs chimiques, visuels, thermiques, etc. L'ensemble de ces capteurs informe notre esprit sur le monde extérieur, mais aussi sur le monde intérieur (par exemple, sur son état émotionnel), ce qui lui permet d'en réguler le fonctionnement. Sans le corps, le cerveau n'a aucune utilité ; sans le cerveau, le corps n'est qu'un montage de chair et d'os inerte. Ce sont des banalités, mais il n'est pas mauvais de les répéter quand le modèle computationniste, très répandu chez les transhumanistes, pourrait nous les faire oublier.

Puisque nous y sommes, faisons comme eux. Oublions le corps. Et posons-nous la question : à quoi ressemblerait un cerveau sans corps ? Y a-t-il un moyen de le savoir ? Oui, il y en a un. Dans les années 1950, alors que la guerre froide battait son plein, un neuropsychologue canadien, Donald Hebb, a conduit à l'université McGill de Montréal une série d'expériences pour étudier les effets de la privation sensorielle. Il s'agissait, dans cette étude financée par la CIA, de tester différents modes de torture psychologique. Des étudiants jouant les cobayes ont donc accepté de rester, vingt-quatre heures sur vingt-quatre, totalement coupés du monde extérieur. Quand je dis totalement, c'est vraiment totalement : ils évoluaient dans le noir (port d'un bandeau ou de lunettes noires), un casque antibruit les privait de l'audition, des gants leur ôtaient le sens du toucher, une pince sur le nez les privait d'odorat. Pour couronner le tout, nos malheureux cobayes étaient enfermés dans une petite pièce, destinée à les isoler de tout contact humain.

Seule consolation : ils étaient très bien payés pour participer à l'expérience. Que croyez-vous qu'il arrivât ? Ils ont arrêté l'expérience de leur propre chef, car ils ont cru devenir fous ! Ils étaient sujets à des hallucinations, comme s'ils avaient pris des drogues, ils souffraient de régression mentale, le désordre général qui en résultait devenait insupportable. À noter que la méthode de la privation sensorielle a été utilisée par la CIA au camp de Guantanamo, où des prisonniers étaient incarcérés dans cet état durant de longues périodes. À la sortie, ces hommes n'étaient que des ombres d'hommes, prêts à tout avouer.

Certes, la robotique d'aujourd'hui a mis au point, pour ses robots, des capteurs visuels, tactiles ou auditifs. Au Japon, le pays d'élection des robots, les chercheurs ont créé CB2 (Child-Robot with Biomimetic Body), un robot qui imite à la perfection le comportement d'un enfant de deux ans. Il a été revêtu d'une « peau artificielle » lui donnant une apparence incroyablement réaliste. Grâce à ses capteurs optiques et à son capteur de son, il peut interagir avec son environnement. Hiroshi Ishiguro, la « star » des roboticiens japonais, est devenu une célébrité, lui, en créant un avatar à son image. Ce « *geminoid* », comme il l'appelle, est bardé lui aussi de capteurs supposés en faire un presque humain. L'odorat n'a pas été oublié. Un robot suédois, Gasbot, a été pourvu d'un « nez » robotique reconnaissant l'odeur du méthane. Gasbot peut déceler les fuites de gaz, même à une concentration très faible. Ces innovations sont certes spectaculaires, mais elles ne représentent qu'un pas minuscule sur le long chemin de l'attribution de sens aux robots.

Ce n'est pas tout. Même sur les meilleures simulations informatiques, nous ne savons pas exactement ce qui, dans un «connectome», transmet l'information. Et encore moins comment ce connectome produit des effets de conscience. Dans son étude, Nicolas Rougier s'interroge : pour être certain de ne rien oublier, faut-il prendre en compte toute la complexité de fonctionnement du cerveau ? «Le type, la taille, la géométrie de chaque neurone ? Son potentiel de membrane ? La taille et la position de l'axone et son état de myélinisation ? La géométrie complète de l'arbre dendritique ? L'emplacement des différentes pompes à ions ? Le nombre et la position des différents neuromédiateurs ? Les impulsions en cours de transmission ?»

Ce n'est pas une question d'école. Qu'on se trompe, qu'on fasse une impasse ici ou là, et nous voilà avec – qui sait ? – le héros de *Transcendance* sur les bras : une créature numérique capable de tout et du pire ou (plus vraisemblablement) totalement inerte, ce qui ne présente aucun danger mais beaucoup de temps et d'argent gaspillés. En d'autres termes, plus imagés : l'esprit sans le corps = un Frankenstein numérique !

À l'inverse, si les neuroscientifiques ne veulent pas faire d'impasse, s'ils prennent tout, absolument tout en compte, la puissance de l'ordinateur capable d'accueillir cette effroyable complexité devra être gigantesque : non pas 1 exaflop, comme on l'a cru naïvement, mais 1 zettaflop, mille fois plus !

Comment télécharger ces milliards de milliards d'informations dans un ordinateur et dans un temps raisonnable ? S'il faut mobiliser un supercalculateur pendant plusieurs années, on peut s'attendre à voir se former des files d'attente interminables pendant des siècles ! Et quand le téléchargement sera terminé, comment faire fonctionner toute cette complexité en temps réel ? On accepterait difficilement d'avoir (laborieusement) transféré son cerveau dans une machine humanoïde pour le voir fonctionner à vitesse réduite !

100 000 *dollars pour l'éternité*

Bref, sans vouloir décourager Kenneth Hayworth, il est probable que sa mort volontaire puisse ne pas être suivie d'une résurrection. Sachez qu'aux dernières nouvelles, il n'a toujours pas mis son projet à exécution. Il aurait essayé d'obtenir des financements de Peter Thiel (le patron de PayPal) et de Peter Diamandis (le directeur de l'université de la Singularité), mais sans succès. Il se plaint, paraît-il, du peu d'enthousiasme de gens qui sont pourtant dans la même mouvance transhumaniste que lui. Il préside aujourd'hui aux destinées de la Brain Preservation Foundation, une fondation pour la conservation de l'esprit. Malgré ses déboires, il n'a pas perdu confiance, mais estime que son projet est arrivé trop tôt. Dans dix ans, les esprits et les technologies seront assez avancés pour le relancer.

Preuve de la constance de son optimisme, Kenneth Hayworth et sa Brain Preservation Foundation ont lancé un concours doté d'une somme de 100 000 dollars. La récompense ira à la première équipe de neuroscientifiques qui réussira à conserver un cerveau animal pendant plus de cent ans. Si la réussite est constatée, elle ne rendra pas seulement le vainqueur riche, elle indiquera à l'humanité entière les voies de l'immortalité.

5

Un rêve moderne

Le transhumanisme est-il un méliorisme ?

Les philosophes qualifient de «mélioristes» ces indécrottables optimistes qui estiment que tout finit toujours par s'arranger, moyennant quelques efforts. Le terme est d'ailleurs emprunté à l'anglais *meliorist*. Le méliorisme ne pose aucune limite au progrès humain. En Europe, les principes de précaution ou nos préjugés religieux ou éthiques, très honorables, certes, nous incitent parfois à dresser nous-mêmes devant nos pieds les barrières qui nous empêcheront d'avancer. Les Anglo-Saxons, plus empiriques, fonctionnent sur le mode du «allons-y et voyons». Continuons à engranger des connaissances sur le fonctionnement de l'esprit, à rendre nos ordinateurs encore plus puissants et voyons si tout cela finira par déboucher sur la possibilité de stocker, un jour, une conscience dans un ordinateur. Les transhumanistes ne sont pas plus sots que nous, ils savent que leurs espoirs de créer des momies idéales, à la fois vivantes et éternelles, par la vertu de la fusion homme-machine, ne se réaliseront pas dans les délais ultra-courts qu'ils annoncent – et qui n'étaient d'ailleurs que cela : des effets d'annonce. Simplement, ils estiment que le progrès est cumulatif et que, un jour, peut-être lointain, il débouchera sur cette idée un peu folle du *mind uploading*.

Leur raisonnement est-il vicié à la base ? C'est l'avis du philosophe Luc Ferry, qui a étudié le phénomène transhumaniste avec l'attitude qui convient : un réel intérêt pour les avancées qu'il propose, ainsi qu'un recul critique, mais courtois, devant ce qu'il considère comme des impasses. Concernant le téléchargement de cerveau, il écrit ainsi : « Cette hypothèse selon laquelle on pourrait un jour stocker notre intelligence, notre mémoire et nos sentiments sur des machines sophistiquées me semble aussi naïve et fausse qu'en son temps la réduction par Descartes de l'animal à un automate. C'est une vision "chosiste" de la conscience. » Sans doute, mais si la conscience n'est pas une « chose », alors qu'est-elle ? Luc Ferry ne retourne-t-il pas, là, à une conception éthérée de l'âme, échappant à toute préhension scientifique parce qu'elle est, au fond, une substance spirituelle ?

Le Russe qui ne voulait pas mourir

À l'opposé, ceux qui persistent et signent continuent de croire dur comme fer à cette perspective du *mind uploading*, pas seulement à titre personnel (les milliardaires, allez savoir pourquoi, ont envie de profiter de leur vie le plus longtemps possible), mais parce qu'il implique aussi une philosophie de la vie qu'ils appellent de leurs vœux. Voici, par exemple, un « mélioriste » d'aujourd'hui, et pas des moindres : Dimitri Itskov.

Il est russe, jeune et milliardaire. Sa fortune, il l'a faite dans le Web et les paris en ligne. Cultivé, grand lecteur de la Bible et de Dante, adepte des philosophies orientales, Dimitri Itskov n'a qu'une passion qui vire à l'obsession : obtenir l'éternité, ici et maintenant. Télécharger un cerveau dans un corps artificiel sera une tâche difficile, presque impossible ? Oui, il le reconnaît, ce sera difficile. Mais, comme disait Kennedy à propos du voyage sur la Lune, nous le ferons *parce que* c'est difficile !

C'est pourquoi Dimitri Itskov et son équipe ont bâti un projet détaillé, baptisé « Initiative 2045 », qu'ils ont ouvert aux généreux donateurs du monde entier. Itskov a même fait réaliser un très joli clip vidéo pour exposer son plan. Voici donc l'histoire du futur selon Dimitri Itskov.

Apothéose

L'introduction du clip est dramatique, presque apo-calyptique. Notre monde est en crise, notre civilisa-tion a l'allure d'un navire à la dérive, sans cartes ni capitaine. Le clip, qui ne craint pas les métaphores littérales, nous montre en effet un tel navire, sorte de *Pequod* ballotté par les vagues, avant la rencontre fatale avec Moby Dick. Le commentaire est alarmiste : il nous reste peu de temps pour prendre les bonnes décisions, celles qui nous permettront de survivre en basculant dans une tout autre manière de vivre et de penser.

Ce bouleversement, nous dit le commentaire, repo-sera sur les nouvelles technologies NBIC (nanotechno-logies, biotechnologies, technologies de l'information, sciences cognitives), une antienne bien connue des transhumanistes. Mais le clip de Dimitri Itskov a le mérite de préciser le but : transférer une conscience humaine dans un corps artificiel.

Le clip décrit le chemin à parcourir en quatre étapes. Dans un premier temps, à l'horizon 2020, l'humanité mettra au point des avatars robotiques, contrôlés à distance par la pensée. Ce sont les ava-tars A. Chacun d'entre nous disposera d'un robot à son image, comme Dieu, jadis, nous fit à la Sienne.

Ces robots travailleront à notre place dans les usines ou dans les champs et veilleront à notre bien-être dans nos maisons. Les vieillards, les malades, comme le héros du film de James Cameron, vivront leur vie par procuration et par l'intermédiaire de leurs avatars. Ils gambaderont à la campagne, respireront l'air des cimes, retrouveront des sensations amoureuses et sensuelles depuis longtemps oubliées. Évidemment, 2020, c'est déjà demain. Un peu de mal à croire que nous en serons bientôt là, Dimitri Itskov devra réviser son calendrier. Mais peu importent les dates, c'est la logique de cette évolution qui compte.

Car il s'agit bien d'une évolution, contrôlée et non subie par l'homme. La seconde étape (avatar B) interviendra entre 2020 et 2025. Nous construirons des robots encore plus perfectionnés, dans lesquels seront transplantés des cerveaux humains en fin de vie. Des greffes de cerveaux, car cet organe dure bien plus longtemps que le corps. En bon fils, Dimitri Itskov imagine que ses parents, sans doute en fin de vie à ces dates, pourraient en bénéficier. Pas lui, qui s'intéresse surtout à l'étape suivante.

Entre 2030 et 2035, en effet, une conscience humaine sera pour la première fois transférée dans un cerveau artificiel (avatar C). C'est le *mind uploading*, dont il a été question plus haut. En 2035, selon Dimitri Itskov, les technologies le permettront. Se dessine ici un processus de dématérialisation de l'humain, qui s'inscrit dans les traditions philosophiques les plus anciennes, pour lesquelles le corps représente cet ancrage de matière dont l'esprit, pour se libérer et libérer ses potentialités, doit se délivrer.

Le *mind uploading* n'est pas le bout du chemin. La véritable apothéose réside dans la quatrième étape (avatar D). Entre 2045 et 2050, en effet, le but sera atteint : les hommes téléchargeront leurs cerveaux dans des hologrammes, susceptibles de prendre toutes les formes. Entièrement dématérialisé, l'homme ne fera plus qu'un avec la machine, l'éternité sera à notre portée. Délivrés de leur condition physique, les hommes pourront alors s'élancer dans l'espace et voyager vers les mondes lointains, au-delà des étoiles !

Telle est la vérité, comme le dirait Hegel, de l'histoire transhumaniste. La mutation de l'homme de chair en hologramme n'est pas un progrès supplémentaire, c'est la fin de l'histoire, son accomplissement, sa parousie. Pour le dire autrement, à présent que nous arrivons au terme de notre histoire des momies : le transfert de conscience dans un système informatique incarne la vraie momie éternelle de l'âge de la science. Oubliés, Osiris et son autre monde ! L'éternité se fera dans ce monde-ci, avant la mort, en réincarnant notre esprit dans un hologramme qui lui attribuera l'ubiquité et l'éternité. Les plus qu'humains, pour reprendre le titre d'un beau roman de science-fiction de Theodore Sturgeon.

Prométhée et l'éternité

Le clip est intéressant pour ce qu'il dit, mais aussi pour ce qu'il révèle. Son ton, le style de sa réalisation ont toutes les allures d'un rêve, le doux rêve d'un croyant qui met la technologie à la place des anges ou de Dieu. La singularité du trajet du milliardaire russe et sa personnalité, à la placidité tout orientale, ont séduit le public et les journalistes, qui lui ont consacré de longs articles. Le chanteur était au moins aussi fascinant que sa chanson.

Un rêve moderne, oui. Mais pas plus fou, à tout prendre, que celui des anciens Égyptiens croyant à l'éternité après la mort, grâce à la conservation de leurs corps momifiés. Pas plus fou que celui de toutes les religions postulant un autre monde où l'âme trouve le repos éternel, quand elle ne se réincarne pas dans un autre corps. Momies, cyborgs, avatars robotiques et transhumanistes sont des réponses de l'homme au défi de la mort. Le prix de notre accès à la conscience est cette morsure de l'anticipation de notre propre fin, qui engendre nécessairement l'angoisse et le refus. Commet accepter une vie dont les années nous sont si chichement comptées ? Alors, avec ce qu'on a, la magie, les religions, la science, on dresse des plans sur l'avenir.

Mais on sait au moins deux choses : la première, c'est que l'avenir ne se calcule pas. Les décennies à venir ne ressembleront certainement pas à celles évoquées dans le clip de Dimitri Itskov. Il y aura des progrès et il y aura des régressions, il y aura des succès et des retours en arrière, rien n'est écrit. Il y aura surtout des surprises. Jadis, on imaginait le XXIe siècle sur la Lune, on le vit aujourd'hui collés à notre smartphone. Pour demain, les NBIC nous promettent une longévité accrue, voire le téléchargement de notre conscience. Mais ce qui arrivera vraiment aura sans doute une tout autre allure, inimaginable à ce jour.

Des rêves d'aujourd'hui, comme de ceux des anciens Égyptiens, il restera néanmoins quelque chose : le geste prométhéen de l'homme qui entend arracher aux dieux le dernier secret qu'ils détiennent, celui de la vie éternelle. Un pari impossible ? Sans doute, mais qui nous a laissé en témoignage quelques milliers de momies et les pyramides de Gizeh. Elles nous disent que, si la chair est mortelle, les œuvres qu'elle produit sont faites pour durer. Elles dureront et vivront après nous, pour témoigner du combat sans espoir de l'homme contre le temps.

Bibliographie

Matt Cardin, Mummies around the World: An Encyclopedia of Mummies in History, Religion and Popular Culture, *ABC-CLIO, 2014*

Philippe Charlier, Médecin des morts. Récits de paléopathologie, *Fayard, coll. «Pluriel», 2014*

Christiane Desroches-Noblecourt, Ramsès II. La véritable histoire, *Pygmalion, 1997*

Françoise Dunand et Roger Lichtenberg, Les Momies et la mort en Égypte, *Éditions Errance, 2001*

Françoise Dunand et Roger Lichtenberg, Momies d'Égypte et d'ailleurs. La mort refusée, *Éditions du Rocher, coll. «Champollion», 2002*

Robert C. W. Ettinger, L'homme est-il immortel?, *Denoël, 1964*

Luc Ferry, La Révolution transhumaniste, *Plon, 2016*

Nicolas Grimal, Histoire de l'Égypte ancienne, *Le Livre de Poche, 1994*

Salima Ikram, Death and Burial in Ancient Egypt, *Longman, 2003*

Salima Ikram, Ancient Egypt : An Introduction, *Cambridge University Press, 2009*

Francis Janot et Zahi Hawass, Momies. Rituels d'immortalité dans l'Égypte ancienne, *White Star, 2008*

Béatrice Jousset-Couturier (auteur), Luc Ferry (préface), Le Transhumanisme, *Eyrolles, 2016*

Audran Labrousse, Les Pyramides des reines. Une nouvelle nécropole à Saqqâra, *Fernand Hazan, 1999*

Leclant Jean (sous la direction de), Dictionnaire de l'Antiquité, *Presses universitaires de France, 2011*

Amandine Marshall et Roger Lichtenberg, Les Momies égyptiennes : La quête millénaire d'une technique, *Fayard, 2013*

Jean-Christian Petitfils, Louis XIV, *Perrin, coll. « Tempus », 2008*

Pascal Vernus, Jean Yoyotte, Dictionnaire des pharaons, *Noesis, 1988*

Kevin Warwick, I, Cyborg, *University of Illinois Press, 2001*

Kevin Warwick, Artificial Intelligence : The Basics, *Routledge, 2011*

Table

LES MOMIES DE LA SCIENCE

*Cet ouvrage a été composé
par Belle Page
et achevé d'imprimer en mars 2017
par Cayfosa à Barcelone
pour le compte des Éditions Stock
21, rue du Montparnasse, 75006 Paris*

Stock s'engage pour
l'environnement en réduisant
l'empreinte carbone de ses livres.
Celle de cet exemplaire est de :
600 g éq. CO_2
PAPIER À BASE DE   Rendez-vous sur
FIBRES CERTIFIÉES www.editions-stock-durable.fr

Imprimé en Espagne

Dépôt légal : avril 2017
N° d'édition : 01
72-07-0955/7